高等职业学校"十四五"规划汽车专业群新形态特色教材

丛书主编：张国方

汽车网络与新媒体营销

主　编　刘伟哲　潘秀艳　何世勇
副主编　王丽霞　刘　宁　雷红波

华中科技大学出版社

中国·武汉

内 容 简 介

本书为汽车服务和汽车维修专业高素质技能型人才培养教材，系统介绍了汽车网络营销和新媒体营销、汽车微博营销、汽车微信营销、汽车短视频营销、汽车直播营销以及汽车社群营销。

本书可以作为汽车服务工程、汽车维修工程等相关专业的教材，同时适合汽车行业及相关行业的工程技术人员、汽车营销人员及广大汽车爱好者阅读参考。

图书在版编目(CIP)数据

汽车网络与新媒体营销 / 刘伟哲，潘秀艳，何世勇主编. -- 武汉：华中科技大学出版社，2025.4. (高等职业学校"十四五"规划汽车专业群新形态特色教材). -- ISBN 978-7-5772-1746-8

Ⅰ. F713.365.2

中国国家版本馆 CIP 数据核字第 202521DV20 号

汽车网络与新媒体营销   刘伟哲   潘秀艳   何世勇   主编
Qiche Wangluo yu Xinmeiti Yingxiao

策划编辑：胡周昊
责任编辑：程 青
封面设计：廖亚萍
责任监印：朱 玢

出版发行：华中科技大学出版社（中国·武汉）   电话：(027)81321913
     武汉市东湖新技术开发区华工科技园   邮编：430223

录   排：武汉三月禾文化传播有限公司
印   刷：武汉市洪林印务有限公司
开   本：787mm×1092mm   1/16
印   张：12.25
字   数：280 千字
版   次：2025 年 4 月第 1 版第 1 次印刷
定   价：49.80 元

本书若有印装质量问题，请向出版社营销中心调换
全国免费服务热线：400-6679-118   竭诚为您服务
版权所有   侵权必究

高等职业学校"十四五"规划汽车专业群新形态特色教材

编审委员会

● 总主编：

张国方　　武汉理工大学

● 委　员（排名不分先后）：

白树全　　包头职业技术学院

谢计红　　武汉交通职业学院

曾　鑫　　武汉软件工程职业学院

张红伟　　广州科技贸易职业学院

张红英　　武汉城市职业学院

张　蕾　　天津职业技术师范大学

周广春　　武汉软件工程职业学院

前言

随着互联网的迅猛发展,汽车行业也开始借助新媒体平台进行市场营销。利用互联网和新媒体营销策略可以提高品牌知名度,吸引潜在客户;汽车品牌可以借助社交媒体、自媒体、搜索引擎等方式,与用户进行互动和沟通,提升品牌形象和用户黏性。很明显,在互联网时代,互联网汽车新媒体营销已成为汽车品牌推广的关键。

汽车生产、汽车销售、汽车维修等许多相关行业都需要大量的熟练掌握网络和新媒体营销的人才,各大高校、职业院校也都积极开设了汽车及其相关专业,这些专业的学生都需要学习网络和新媒体营销知识。

为了帮助汽车相关专业的学生以及销售和服务行业人员全面系统地掌握网络和新媒体营销知识,适应市场的新需要,编者根据多年的教学实践、科学研究,并查询相关的国内外文献资料,编写了本书。本书力求全面系统地介绍有关汽车网络和新媒体营销技术的理论和操作技术。

本书内容创新点如下:

(1) 实现课程思政的融入。本书所选用的案例大多为自主品牌,以培养具有崇高理想、职业道德和创新精神的学生,培养学生服务于民族复兴的内动力。

(2) 以实用为核心,紧跟汽车营销最新发展趋势,详细介绍各种新媒体营销手段和操作方法。

(3) 内容编写科学、合理。设置工作任务、理论知识、实践知识、巩固训练、相关链接、思考练习等栏目,强化学生网络营销及新媒体运营能力,凸显理实一体、工学结合的教学理念。

(4) 注重培养创新创业意识。本书每个学习项目均由工作任务导入,将工作任务详细分解为任务分析和实践操作两部分,旨在提高学生的创新创业意识,实现"学创一体"

的教学模式，培养学生正确的商业观、价值观，以及创新思维能力。

（5）体现前瞻性和开放性。本书兼顾汽车网络营销专业的新知识、新理念、新技术、新工具、新模式，实现了教学内容创新，并将学习项目拆分为不同任务，以满足开放性教学的需求以及不同层次学生的需要。

本书包含6个项目，项目1为汽车网络与新媒体营销概述，包含认识汽车网络与新媒体营销、网络营销环境、汽车市场调查与预测、汽车消费者购车行为分析；项目2为汽车微博营销，涵盖建立汽车微博账号、汽车微博账号运营、汽车微博数据分析等内容；项目3为汽车微信营销，包含搭建汽车微信营销平台、汽车微信营销要点、创建汽车微信营销公众号、实施汽车微信营销活动；项目4为汽车短视频营销，包含开通汽车短视频账号、制作汽车营销短视频、实施短视频营销活动、分析汽车短视频营销效果；项目5为汽车直播营销，包括搭建直播账号、汽车直播活动的开展及运营、汽车直播营销活动分析；项目6为汽车社群营销，包括创建一个完整的社群、社群活动策划及开展。本书还配套丰富的学习课件和实践案例，可扫描下方二维码学习。

本书由河北师范大学刘伟哲、武汉城市职业学院潘秀艳、襄阳汽车职业技术学院何世勇担任主编，长春职业技术学院王丽霞、刘宁，广东省广告集团股份有限公司雷红波担任副主编，参与编写的还有河北师范大学的张春香、王忠良。

由于编者水平有限，书中难免存在不足及欠妥之处，恳请读者批评和指正。

编　者

2024年10月

学习课件

实践案例

目录

项目1 汽车网络与新媒体营销概述 1

学习任务1 认识汽车网络与新媒体营销 1

学习任务2 网络营销环境 9

学习任务3 汽车市场调查与预测 18

学习任务4 汽车消费者购车行为分析 33

项目2 汽车微博营销 47

学习任务1 建立汽车微博账号 48

学习任务2 汽车微博账号运营 61

学习任务3 汽车微博数据分析 78

项目3 汽车微信营销 86

学习任务1 搭建汽车微信营销平台 88

学习任务2 汽车微信营销要点 93

学习任务3 创建汽车微信营销公众号 96

学习任务4 实施汽车微信营销活动 104

项目4 汽车短视频营销 113

学习任务1 开通汽车短视频账号 114

学习任务2　制作汽车营销短视频　121

　　学习任务3　实施短视频营销活动　126

　　学习任务4　分析汽车短视频营销效果　133

项目5　汽车直播营销　142

　　学习任务1　搭建直播账号　143

　　学习任务2　汽车直播活动的开展及运营　149

　　学习任务3　汽车直播营销活动分析　157

项目6　汽车社群营销　162

　　学习任务1　创建一个完整的社群　163

　　学习任务2　社群活动策划及开展　172

思想启迪　184

参考文献　186

项目1
汽车网络与新媒体营销概述

【学习目标】

1. 掌握网络营销、新媒体营销的内涵、特点,汽车网络营销概念发展历程以及常见的模式;
2. 掌握汽车网络营销环境概念内容以及分析步骤;
3. 掌握汽车网络调研方法以及网络调研的步骤;
4. 了解汽车网络消费者的消费行为和消费特点。

【技能要求】

1. 能分析汽车网络营销环境演变的历程;
2. 能分析不同营销模式的特点;
3. 能分析网络营销环境;
4. 能进行汽车目标市场调研和预测;
5. 能进行汽车消费者购买特征和购买行为分析。

【案例导入】

奔驰品牌smart采用在线销售形式,以149888元的价格和诱人的大礼包使300辆奔驰smart流光灰2012特别版在89分钟内销售一空,几千个销售线索在活动中被搜集并给到经销商,平均每18秒卖出一辆的速度创造了网络销售汽车的奇迹。

奔驰选择线上销售,采用刺激营销——限时限量、特价、大礼包等刺激消费者的神经。首先利用电视户外网络预热,借用微博线上活动"寻找'灰'常smart男"为活动造势,线下院线活动将smart开进5个重要销售城市影院展出,借助电视传播等线上线下整合营销传播方式极大地提高了奔驰的关注度。奔驰smart借助电商平台,跳出传统销售模式,成功实现汽车网络销售,并且取得惊人效果,证明了汽车营销的多样性。

学习任务1 认识汽车网络与新媒体营销

近年来,随着互联网技术的普及和发展,网络营销和新媒体营销成为越来越重要的营销方式。这一新兴的市场模式利用网络科技的便捷性、互动性和低成本优势,已经吸引了越来越多企业的关注。

【工作任务】

1. 任务分析

通过网络查阅相关资料,了解自己感兴趣的汽车企业采用了哪些网络以及新媒体营销模式。

2. 实践操作

(1)组建团队,根据班级人数进行分组,人数不应过多,选出小组长,确定本组调研的汽车企业及汽车品牌。

(2)利用企业官网以及主流汽车媒体,查阅相关资料,了解本组调研的企业及汽车品牌采用的网络和新媒体营销模式。

(3)各小组汇报,老师及全班同学点评打分。

【理论知识】

1. 网络营销、新媒体营销的概念

随着互联网的普及和应用,以互联网为载体,以全新的理念、方式和方法实施营销活动应运而生,即网络营销。网络营销是企业借助互联网实现营销目标的一种营销手段,也是电子商务的重要组成部分。

新媒体营销是企业通过新媒体渠道所开展的营销活动。具体来讲,新媒体营销是指借助移动互联网技术,以短视频、直播 App 等新媒体平台为营销渠道,针对企业所提供的服务、产品等内容宣传企业的品牌价值或促销信息,是企业营销战略的关键环节。新媒体营销属于营销的一种,是企业开展网络营销活动的方式,也是一种基于现代营销理论、利用新技术的企业经营手段,能够最大限度地满足企业及客户的需要,为企业带来更多的利益。

2. 汽车网络与新媒体营销

汽车网络营销是以互联网技术为基础,利用数字化信息和网络媒体的交互性来辅助营销目标实现的一种新型汽车营销方式。近年来,随着信息化技术、互联网技术的快速发展,汽车网络营销进入快速发展时期,消费者获取信息的渠道更加多样化。消费者可以通过网络了解汽车产品知识和品牌知识,比如了解汽车行情、车型和商家等。网络营销架起了企业和客户之间的桥梁,成为企业和客户之间交流的一种工具,也有助于企业为客户提供个性化的服务。这种新型的营销模式,将是汽车营销发展的必然趋势。随着我国网络技术的发展,汽车行业需要紧跟互联网技术的发展,创建完善的网络营销模式。

最近几年,随着移动网络的快速发展,出现了越来越多的汽车新媒体营销模式,比如汽车行业的微博营销、微信营销、短视频营销等。汽车作为大众日常生活中不可或缺

的消费产品,频繁出现在网络及新媒体等各类平台上。

3. 汽车营销理念演变历程

根据西方对市场营销活动的研究,传统营销观念的发展大体上经历了四个阶段或四种类型,即生产中心观念阶段、推销中心观念阶段、市场营销观念阶段及社会营销观念阶段。其中,生产中心观念和推销中心观念合称为传统营销观念,是"以企业为中心"的营销观念,而市场营销观念及社会营销观念则被合称为现代营销观念,分别是"以顾客为中心"的营销观念和"以社会长远利益为中心"的营销观念。

随着人类社会的发展,特别是互联网势不可挡的发展趋势,世界经济正朝着全球市场一体化、企业生存数字化、商业竞争国际化、竞争对手扩大化等方向发展,互联网应用和高新技术创新特征十分明显,企业的经营进一步打破了地域限制。如何在全球贸易体系中占有一席之地,如何赢得更大的市场份额和更广阔的市场前景,如何开发客户资源和保持相对稳定的客户队伍,已成为影响企业生存和发展的关键问题。在这样的背景下,涌现出一些新的营销理念和方法,例如基于协调企业各种关系的关系营销、基于现代网络技术的网络营销、基于客户关系管理的客户关系营销(含直接营销等)等。这些营销理念和营销手段是对现代营销观念及其指导下的营销方法的继承和创新,其核心思想仍然是以使顾客满意为导向,并十分注重在营销实践活动中维护营销道德。

1) 顾客满意

通过满足顾客需求创造顾客满意(customer satisfaction),最终实现包括利润在内的企业目标,是现代市场营销的基本理念。顾客满意既是顾客本人再购买的前提,也是带动其他顾客购买的要素。顾客满意,是顾客通过体验企业的产品和服务满足其需要的程度,经综合评估后形成的较好的一种主观感觉状态。对企业来说,使顾客满意是企业赢得顾客、占领和扩大市场、提高营销绩效的有效举措。研究表明,吸引新顾客的成本要比维系老顾客的成本高,因此企业必须十分重视提高顾客的满意度,营造顾客忠诚,使满意顾客的数量越来越多。

2) 关系营销

关系营销(relationship marketing)的思想就是将建立与发展同企业的各种利益相关者之间的良性关系作为企业营销的关键变量,把正确处理这些关系作为企业营销的核心工作。它把营销活动看成企业与其消费者、供应商、分销商、竞争者、政府机构和其他公众发生互动作用的过程,企业营销活动的核心在于建立并发展与这些公众的良好关系。在企业各种关系中最重要的是顾客关系,因此关系营销十分注重维系和现有顾客的关系,丧失现有顾客无异于失去市场和利润来源。

3) 客户关系营销

客户关系营销(customer relationship management,CRM),又被称为客户关系管理。它源于关系营销,但又不同于关系营销。CRM认为客户是企业最重要的资源,在越来越激烈的市场竞争中,高质量的客户关系正成为企业最重要的竞争优势。CRM比关系营销更注重企业与客户的关系,它借助现代数据库、管理信息系统和互联网等信息技术手段,以客户让渡价值为核心,通过完善的客户服务和深入的客户分析(特别是大数据分析),充分满足客户的需求,在使客户让渡价值最大化的同时,实现企业的价值。

这是一种基于现代"双赢原则"的营销理念。

4）网络营销

所谓网络营销,是指企业以信息技术为基础,借助互联网(Internet)、计算机通信技术和数字交互媒体来实现营销目的一种营销方式,它利用先进的计算机网络技术,以有效、经济的方式谋求新的市场和挖掘新的消费者。

关于网络营销,国外有许多种叫法,如 cyber marketing、network marketing、E-marketing、online marketing、web marketing 等,都有"网络营销"或者"互联网营销"的含义,但不同的单词组合有不同的含义。cyber marketing 主要指在虚拟的计算机空间上进行的营销活动;network marketing 主要指在网络上开展的营销活动,可译为网上营销,包括 Internet、电子数据交换(EDI)和增值网络(VAN)等各种网络;E-marketing 是目前习惯采用的翻译方法,E 即 electronic,是电子化、信息化、网络化的含义,简洁、直观、明了,而且与电子商务(E-commerce、E-business)、电子虚拟市场(E-market)等对应;online marketing 可直译为在线营销;web marketing 强调的是基于网站的营销。

网络是一个虚拟的世界,没有时间和空间的限制,许多事物以一种虚拟化的形式存在,企业欲通过网络来开展经营活动,必须改变传统的营销手段和方式。可见,网络营销的核心思想就是"营造网上经营环境"。在网络经营环境中,直接环境由计算机网络、网络运营商和各类上网终端组成;间接环境即企业网络营销所面临的现实的营销环境,包括顾客、网络服务商、合作伙伴、供应商、销售商等。人们在不同时期从不同的角度对网络营销的认识不一样,与许多新兴学科一样,网络营销目前还没有一个公认的定义,但国内外学者有以下几点共识。

第一:网络营销归根结底还是营销。

网络营销离不开传统营销学理论的指导。学习网络营销首先要树立基本的营销思维和掌握基本的营销理论。离开了营销学理论的指导,网络营销就成了无源之水、无本之木。

第二:网络营销的目的是实现企业的营销目标。

企业营销目标是多元的,这种多元性体现在两个方面:一是利益主体是多元的,不但包含企业本身,还包含企业的利益相关者;二是目标本身是多元的,既有品牌层面的目标,也有产品层面的目标,还有客户层面的目标等,既有过程目标,也有结果目标。

第三:互联网对于网络营销具有工具性和基础性。

在国内外学者关于网络营销的定义中,普遍强调网络营销是以网络工具和网络技术为基础的,这些网络工具和网络技术扮演的是工具性角色——企业传播营销信息的工具。其他学者同时还强调网络工具和网络技术在塑造网络经营环境中的基础性作用。

第四:网络营销不是"单兵作战",而是"多兵种联合作战",需要进行整合营销传播。

综上所述,我们可以将网络营销定义为:网络营销是企业整体营销战略的一个组成部分,是借助互联网来更有效地为顾客创造、传播和传递价值,并管理客户关系,从而更好地满足顾客的需求,实现企业经营目标的一种手段。

5）新媒体营销与数字营销

数字营销是使用数字技术的产品或服务的营销，主要是在互联网上，也包括手机和任何其他数字媒体。数字营销是一种高层次的营销形式，实现了精准化、可量化以及数据化。数字营销具备明确的数据库对象，使用数字营销进行市场营销能够有效提升营销效率和质量。因此，要尽可能多地将大数据技术以及人工智能技术等先进信息技术应用到市场营销中，实现数字化营销，从而以经济和高效的方式，进行市场开拓和消费者开拓。

数字技术的不断进步，促进了媒体技术的发展，导致了新媒体的诞生，数字营销涵盖了新媒体营销，范围更加广泛。

综上所述，网络营销是以互联网为媒体的营销，主要分为网络广告、电子邮件营销、搜索引擎营销、即时通信(IM)营销、网络论坛(BBS)营销、社交网络(SNS)营销、网络视频营销、Widget营销、博客营销、微博营销等。新媒体营销是以计算机互联网和移动互联网(手机等手持终端)为代表的新型媒体营销，新媒体包括互联网，因此，新媒体营销涵盖网络营销，且新媒体营销更注重互动性和用户的心理攻占。事实上，新媒体是一种媒体形态，大部分人认为新媒体就是网络媒体，还有的人认为新媒体是手机端，这都不能说不对。新媒体本身就是一个不固定的范围，新是相对于旧而言的，随着媒体的发展会不断出现新媒体。

6）营销道德

营销道德(marketing moral)是依托商业伦理调整企业与所有利益相关者之间关系的行为规范的总和，是人们在长期的经营活动中自觉形成并被广泛认同的行为规范，是客观经济规律及法制以外的约束企业营销行为的力量。营销道德属于商业伦理和企业社会责任的范畴，其最根本的准则应是维护和增进全社会与人民的根本利益。凡有悖于此者，都属于不道德行为，例如欺诈交易、强制推销、不诚信经营、发布虚假广告信息、不正当竞争、污染环境、发布不安全产品等现象。

营销道德根本上需要广大企业的积极参与和自我约束营销的负面行为，企业要切实地以先进的营销观念为指导，自觉端正经营态度和营销行为。但营销道德（商业道德）也离不开政府引导、新闻媒体和消费者的舆论监督，必要时也需要行政机关和司法机关依法依规强制处置严重的失德失范行为。

4. 汽车营销模式

汽车营销模式指的是汽车企业面对不断变化的市场营销环境，依据企业的资源和自身能力，通过不同的方式来满足市场需求，从而实现企业营销活动目标的运营策略。常见的汽车营销模式如下。

1）体验式营销

体验式营销是社会文明发展到较高程度的一种体现。很多企业进行产品推广时，会设计营销氛围、营销场景或者提供真实的产品让消费者亲身感受，从感性和理性双层面上打动消费者，设计迎合其喜好的产品、服务、场景、氛围和营销活动。

体验式营销不仅需要有扎实的产品质量、完善周到的服务，同时场景的营造和氛围的把控也需要得当，要让消费者感到舒适，还需要体现出品牌的内涵与特色。企业有信心和能力开展体验式营销,也是出于对品牌、产品质量、服务水平等方面的自信和更高追求。所以,我们经常可以看到很多大品牌对体验式营销这一模式运用得更为频繁和得心应手。

2）品牌营销

品牌对于一个企业是非常重要的,品牌营销更是每个企业都需要重视的一项。在品牌营销中,基本上企业的营销目的都集中于扩大品牌知名度和传播度,提升品牌美誉度和影响力,提高品牌效应和价值。

要树立起品牌并做好品牌营销,有三大要点:首先建立品牌,并拥有较强的产品品质作为支持;其次是分析市场,找到品牌的市场优势和差异化特点;最后是选择合适的传播渠道和方式,设计有效的推广形式。高级的营销不是建立庞大的营销网络,而是利用品牌符号,把无形的营销网络铺建到社会公众心里,把产品输送到消费者心里,使消费者选择消费时认这个产品,投资商选择合作时认这个企业,这就是品牌营销。当前,汽车行业处于大变革之中,汽车消费市场也发生了巨大变化,"以用户为中心"已不仅局限于汽车销售服务。

3）微信营销

微信是一款社交工具,它不仅可以通过网络快速发送文字、图片、语音、视频,还具有群聊、分享、扫一扫、查找附近的人等功能,而且打破了运营商、硬件和软件、社交网络等多种壁垒,实现了现实与虚拟世界的无缝连接,使移动终端成了新的社交节点。微信使个人移动终端的功能得到发挥,将人际传播和大众传播融为一体,成就了一种全新的传播类型。人们通常将微信定义为一款新型的依托移动互联网和个人移动终端技术,具有社交功能、信息分享功能和信息接收功能的新媒体平台。

微信作为新媒体平台,还有一项重要的传播手段——微信公众平台,政府、媒体机构、企业、个人等都可以建立独立的微信公众平台,通过微信公众平台(订阅号或服务号)进行各种宣传或营销推广,如图1-1所示。

4）网络直播

网络直播就是借助互联网的优势,利用相关直播软件将即时的现场环境发布到互联网上,再借由互联网技术快速、清晰地呈现在用户面前。网络直播作为一种新媒体传播方式,具有时效性强、传播快捷、互动性强的独特优势,同时它也是一种新兴的网络社交方式,因此进行网络直播的平台也是一种崭新的社交媒体。广义的网络直播包括电视节目的网络直播和网络视频直播两种类型,其中电视节目的网络直播是基于互联网的技术优势,利用视讯方式进行直播,其直播渠道包括计算机端和移动端;网络视频直播是指在现场架设独立的信号采集设备并将信号导入导播端,再通过网络上传至服务器,发布至网络供用户观看。目前,网络视频直播已经发展得较为成熟,尤其是可以与用户进行直接信息交流的网络互动直播,其互动性更强,且能够随时随地进行直播,如图1-2所示。

图 1-1 汽车微信营销　　　　图 1-2 汽车直播营销

【实践知识】

1. 实践目的

通过网络查询相关资料并进行市场调研,了解中国新能源汽车企业都采用了哪些网络和新媒体营销模式。

2. 实践操作步骤

(1) 组建团队,选出组长,各小组通过网络查询资料,并对当地汽车市场进行调研,了解中国汽车市场现状、新能源汽车营销模式。

(2) 完成调研报告。

【巩固训练】

请读者认真分析新媒体环境下中国汽车营销模式优势、汽车营销模式存在的问题,并探究推动汽车营销工作顺利开展的措施。

【相关链接】

汽车行业"内卷"时代,车企新媒体矩阵营销 2024 营销回顾

1. 车企高管视频号运营成品牌战略关键

(1) 成为品牌价值与文化输出窗口:车企高管通过视频号直播和短视频,直接向消费者传递品牌愿景、技术亮点等,强化品牌领导者个人影响力,创造品牌信任,如蔚来李斌、小鹏何小鹏、小米雷军等成为品牌符号。

(2) 借助微信关系链实现长尾传播:企业高管直播内容可剪辑并进行二次创作,在

多平台扩散,放大品牌声量,且视频号小窗悬浮模式便于用户边看直播边互动,以覆盖更大群体。例如对于小米SU7的发布,不少"米粉"就是一边看直播,一边和好友在微信互动讨论。

(3)从短期活动演变为长期战略支柱:强化品牌专业形象,赢得消费者好感,推动品牌与用户深层次连接。

2. 反常规跨界营销深度渗透

(1)比亚迪与《黑神话:悟空》合作典范:以"守护中国古迹及国宝"为主题,用数字资产扫描技术助力文物保护,将比亚迪科技优势与游戏艺术创作结合,超越传统品牌曝光,实现文化传承与技术创新深度对话。

(2)未来探索多领域联动:汽车品牌可与科技、文娱、艺术等领域联动,融入社会文化生态,创造商业价值。

3. 车企自建车友社区深化

(1)创新内容平台与社交生态:如小鹏、蔚来、小米等品牌,实现车主互联及用户与品牌双向交流,通过用户共创内容,沉淀社区文化,构建私域流量池,掌控互动方式,避免依赖第三方平台。

(2)延长用户生命周期增强盈利:形成从新车销售到售后服务闭环,增强品牌盈利能力。

4. 视频号"5K"营销席卷车圈

(1)"5K"模型成营销新范式:即KOB(关键意见老板,老板负责基调)、KOL(关键意见领袖,"达人"负责种草)、KOC(关键意见消费者,车主负责"真香")、KOE(关键意见员工,员工负责科普)、KOS(关键意见销售,销售负责成交),"5K"模型是车企营销精细化与系统化工具,也是品牌增值和业务增长核心引擎。

(2)微信生态为最佳载体:视频号以兴趣推荐和社交传播双驱动,打破大号流量壁垒,强化品牌权威性与可信度,便于用户互动,无缝连接私域公域流量,重大节点营销中高管发声与KOL联动易形成强大合力。

(3)满足多维度用户诉求:汽车用户需求涵盖年龄、身份、场景等多维度,如年轻用户需潮流感,家庭用户关注安全实用性,车企可通过街拍、玩梗、车主分享等多样化内容策略触达不同用户。

(4)不同内容形式影响传播效果:车主分享提供真实参考助力后期转化,科普内容强化品牌技术形象,娱乐内容增强品牌记忆及与年轻用户的情感连接。

5. 跨平台"竞和"实现全链路营销

(1)利用各平台属性设计链路:小红书吸引女性用户,抖音覆盖泛消费群体,视频号成家庭用户主场,车企可通过跨平台协同运营,如结合小红书"种草"、视频号互动直播、企业微信销售线索,形成全链路营销闭环。

(2)不同触点在用户接触点上发挥作用:无须在单一平台完全串联,各平台在用户不同触点上协同提升整体效果。

6. AIGC 技术降本增效,革新车企营销效率

(1) 赋能创意与优化投放:AIGC(人工智能生成内容)通过智能化创意生成和数据驱动优化,帮助车企低成本高效率生产内容,提升传播效果,如阿维塔借助腾讯广告妙思平台优化 Prompt 语句,提升 CTR(点击通过率),节省成本。

(2) 助力大规模个性化内容生产:AIGC 非单纯替代人工,而是与创意团队深度协作,在投放环节通过生成多样化创意素材,实现个性化匹配与优化,提升转化率,如东风日产结合虚拟人技术和微动视频,放大个性化触达能力。

7. 女性群体话语权和消费力增长

(1) 女性购车特点凸显:女性购车均价高,更青睐新能源汽车,对汽车金融产品和网络平台购车接受度高,在智能化配置需求中更看重安全功能。

(2) 品牌重视女性用户需求:如小米 SU7 女性用户占比超 40%,其设计考虑女性需求,如防晒、收纳、B+型车身等,且小米提拔女性高管,努力成为女性友好品牌,注重性别中立设计,融入女性生活方式,尊重需求。

(3) 智驾发展阶段演进:汽车行业从硬件堆料到人海战术,现进入数据驱动的 AI(人工智能)智驾时代,端到端模型上车实现全场景智能驾驶,提升流畅度和拟人度,适应场景、接管里程、拟人度成衡量体验维度。

(4) 车企竞逐智驾体验:赛力斯汽车的"一号工程"邀请大量从未接触过智驾的员工,以用户真实用车场景的第一视角开启不间断的体验,形成常态化体验反馈机制,推动智驾不断获取数据并学习迭代,同时为智驾推广助力。

8. 全球化视野拓展与本地化融合

(1) 丰田全球化路径借鉴:其经历整车出口、品牌心智塑造、制造出海、技术及产业链出海迭代,对中国汽车出海具有重要参考意义。

(2) 中国车企出海亮点:比亚迪进军印尼市场,长安汽车布局"一带一路"60 多国,奇瑞汽车业务遍布 80 多国,车企全球化从整车出口向海外生产、研发、销售全面布局转变,目标市场拓展至欧美成熟市场,通过精细化市场洞察和本地化营销策略,实现产品、品牌价值与当地消费者需求深度契合。

【思考练习】

你认为哪种新媒体营销模式更加适合现阶段中国汽车市场?

学习任务 2　网络营销环境

网络营销环境是指对企业的生存和发展产生影响的各种外部条件,即与企业网络营销活动有关联因素的部分集合。根据营销环境对企业网络营销活动影响的直接程

度,网络营销环境可以分为网络营销宏观环境与网络营销微观环境两部分。

【工作任务】

1. 任务分析

通过网络调查相关资料,了解中国汽车网络营销环境的变化。

2. 实践操作

(1)组建团队,建议 4~6 人一组,选出小组长,确定本组的调研区域以及调研内容。

(2)各小组利用网络调查相关资料,了解所调查区域汽车营销环境的现状以及未来发展趋势。

(3)提交调研报告。

【理论知识】

1. 网络营销环境

营销环境是一个综合的概念,由多方面的因素组成,它包含了宏观环境和微观环境两部分,营销环境不是永恒不变的,它处于变化之中。随着社会的发展,特别是网络技术在营销中的运用,营销环境更加变化多端。虽然对营销主体而言,环境是不可控制的,但它也有一定的规律,可通过分析营销环境对其发展趋势和变化进行预测与事先判断。企业的营销观念、消费者需求和购买行为,都是在一定的社会经济环境中形成并发生变化的。因此,对网络营销环境进行分析是十分必要的。要进行网络营销环境的分析,首先必须掌握网络营销环境的五要素。

1)提供资源

信息是市场营销过程中的关键资源,是互联网的血液,通过互联网可以为企业提供各种信息,指导企业的网络营销活动。

2)全面影响力

环境要与体系内的所有参与者发生作用,而非个体之间相互作用。每一个上网者都是互联网的一分子,可以自由接触互联网,同时在这一过程中受到互联网的影响。

3)动态变化

整体环境在不断变化中发挥其作用和影响,不断更新和变化正是互联网的优势所在。

4)多因素互相作用

整体环境是由互相联系的多种因素有机组合而形成的,涉及企业活动的各因素在互联网上通过网址相互联系。

5)反应机制

环境可以对其主体产生影响,同时,主体的行为也会改造环境。企业可以将自己企业的信息通过公司网站存储在互联网上,也可以利用互联网上的信息来辅助决策。

综上所述,互联网已经不再是传统意义上的电子商务工具,而是独立成为新的市场营销环境,其以范围广、可视性强、公平性好、交互性强、能动性强、灵敏度高、易运作等优势给市场营销创造了新的发展机遇与挑战。

2. 网络营销环境的特点

1) 客观性

企业所处的网络营销环境不受企业控制,不以企业的意志为转移,对企业经营活动的影响具有强制性,并且不可控制。企业无法改变其所处的宏观环境,但是企业可以通过改变经营战略来适应这些环境因素。简而言之,适者生存:如果不能适应环境,那么最终会被环境所淘汰。这正体现了企业网络营销环境的客观性。

2) 相关性

网络环境中各个因素共同作用会影响企业的经营,网络环境中的各个因素也是互相影响、彼此制约的,如果其中某一个因素发生变化,就会相应带动其他一些因素发生变化,从而形成新的网络营销环境。

3) 多变性

网络营销环境是动态的。网络营销环境的变化可以为企业带来良好的机遇,也可能给企业带来一些威胁。因此,企业应针对网络营销环境的特征及时调整营销战略以适应网络环境的不断变化。

4) 差异性

不同国家和地区之间企业所处的网络营销的宏观环境是不同的,每个企业的微观环境也必然各不相同。环境的差异性还表现为相同的环境变化可能会对不同企业造成不同的影响,因此企业要了解网络营销环境的差异性特征,以便很好地应对环境差异带给企业的影响。

3. 营销环境分类

1) 宏观环境

宏观环境是指一个国家或地区的政治、法律、人口、经济、社会文化、科学技术等影响企业进行网络营销活动的宏观条件。宏观环境对企业短期的利益可能影响不大,但对企业长期的发展具有很大的影响。所以,企业一定要重视宏观环境的分析研究。宏观环境主要包括以下六个方面的因素。

(1) **政治法律环境** 包括国家政治体制、政治的稳定性、国际关系、法制体系等。在国家和国际政治法律体系中,相当一部分内容直接或间接地影响着经济和市场。所以,企业要认真分析和研究政治法律环境。

2022年,国家出台了一系列产业政策,引领、保障、助力汽车产业高质量发展。《国家发展改革委等部门关于进一步提升电动汽车充电基础设施服务保障能力的实施意见》《车联网网络安全和数据安全标准体系建设指南》《氢能产业发展中长期规划(2021—2035年)》《关于进一步加强新能源汽车企业安全体系建设的指导意见》《关于减征部分乘用车购置税的公告》等政策大大促进了汽车消费,有效提振市场信心,在汽车市场端发挥了强心剂和助推器的作用。

(2) 经济环境　经济环境是内部分类最多、具体因素最多，并对市场具有广泛和直接影响的环境内容。经济环境不仅包括经济体制、经济增长情况、经济周期与发展阶段以及经济政策体系等大方面的内容，同时也包括收入水平、市场价格、利率、汇率、税收等经济参数和政府调节取向等内容。

(3) 人文与社会环境　企业存在于一定的社会环境中，同时企业又是由社会成员所组成的一个小的社会团体，不可避免地受到社会环境的影响和制约。人文与社会环境的内容很丰富，在不同的国家、地区、民族之间差别非常明显。在营销竞争手段向非价值、使用价值型转变的今天，企业营销必须重视人文与社会环境的研究。

(4) 科技与教育水平　科学技术对经济社会发展的作用日益显著，科技的基础是教育，因此，科技与教育是客观环境的基本组成部分。在当今世界，企业环境的变化与科学技术的发展有非常大的关系，特别是在网络营销时期，两者之间的联系更为密切。在信息技术等高新技术产业中，教育水平的差异是影响需求和用户规模的重要因素，已被用于企业营销分析中。

(5) 自然环境　自然环境是指一个国家或地区的客观环境因素，主要包括自然资源、气候、地形地质、地理位置等。虽然随着科技进步和社会生产力的发展，自然环境对经济和市场的影响整体上趋于下降的趋势，但自然环境制约经济和市场的内容、形式则在不断变化。

(6) 人口　人是企业营销活动的直接和最终对象，市场是由消费者构成的。在其他条件固定或相同的情况下，人口的规模决定着市场容量和潜力；人口结构影响着消费结构和产品构成；人口组成的家庭、家庭类型及其变化，对消费市场有明显的影响。

2) 微观环境

微观环境由企业及其周围的活动者组成，直接影响着企业为顾客服务的能力。它包括企业内部环境、供应者、营销中介、顾客或用户、竞争者等因素。

(1) 企业内部环境　企业内部环境包括企业内部各部门的关系及协调合作。企业内部环境包括市场营销部门之外的某些部门，如企业最高管理层、财务、研究与开发、采购、生产、销售等部门。这些部门与市场营销部门密切配合、协调，完成企业市场营销的完整过程。市场营销部门根据企业最高管理层规定的任务、目标、战略和政策，做出各项营销决策，并在得到上级领导的批准后执行。研究与开发、采购、生产、销售、财务等部门相互联系，为生产提供充足的原材料和能源供应，并对企业建立考核和激励机制，协调营销部门与其他各部门的关系，以保证企业营销活动的顺利开展。

(2) 供应者　在网络经济的条件下，为了适应网络营销的要求，企业与供应者的关系出现了一些变化，首先企业对供应者的依赖性增强，其次企业与供应者的合作性也增强了。供应者是指向企业及其竞争者提供生产经营所需原料、部件、能源、资金等生产资源的公司或个人。企业与供应者之间既有合作又有竞争，这种关系既受宏观环境影响，又制约着企业的营销活动，企业一定要注意与供应者保持良好关系。供应者对企业的营销业务有实质性的影响。

（3）营销中介　营销中介是促销和分销企业产品给最终购买者的公司。营销中介主要包括中间商，即销售商品的企业，如批发商和零售商；代理中间商（经纪人）；服务商，如运输公司、仓库、金融机构等；市场营销机构，如产品代理商、市场营销咨询企业等。

网络技术的运用给传统的经济体系带来巨大的冲击，流通领域的经济行为产生了分化和重构。消费者可以通过网上购物和在线销售自由地选购自己需要的商品，生产者、批发商、零售商和网上销售商都可以建立自己的网站并营销商品，所以一部分商品销售不再按原来的产业和行业分工进行，也不再遵循传统的商品购进、储存、运销业务的运转流程。网上销售，一方面使企业间、行业间的分工模糊化，形成"产销合一""批零合一"的销售模式；另一方面，随着"凭订单采购""零库存运营""直接委托送货"等新业务方式的出现，服务于网络销售的各种中介机构也应运而生。一般情况下，除了拥有完整分销体系的少数大公司外，营销企业与营销中介组织还是有密切合作与联系的。因为若中介服务能力强，业务分布广泛合理，营销企业对微观环境的适用性和利用能力就强。

（4）顾客或用户　顾客或用户构成企业产品销售的市场，是企业直接或最终的营销对象。网络技术的发展极大地消除了企业与顾客之间的地理位置的限制，创造了一个让双方更容易接近和交流信息的机制。利用互联网真正实现了经济全球化、市场一体化。它不仅给企业提供了广阔的市场营销空间，同时也增强了消费者选择商品的广泛性和可比性。顾客可以通过网络，得到更多的需求信息，使购买行为更加理性化。虽然在营销活动中，企业不能控制顾客的购买行为，但可以通过有效的营销活动，给顾客留下良好的印象，处理好与顾客的关系，促进产品的销售。

（5）竞争者　竞争是商品经济活动的必然规律。在开展网上营销活动的过程中，不可避免地要遇到业务与自己相同或相近的竞争对手；研究对手，取长补短，是"克敌制胜"的好方法。在研究竞争者的过程中要明白以下几点。

① 明确竞争对手的类型。

- 愿望竞争者：指满足消费者各种愿望的竞争者。
- 一般竞争者：指以不同的方法满足消费者同一需要的竞争者。
- 产品形式竞争者：指满足消费者某种愿望的同类商品在质量、价格上的竞争者。
- 品牌竞争者：指能满足消费者某种需要的同种产品的不同品牌的竞争者。

② 在网络空间中研究竞争对手，可借鉴传统市场中的一些做法，但更应有自己的独特之处。首先要利用导航网站查询竞争对手信息，这些导航网站包括 Yahoo、AltaVista、Infoseek、Excite、HotBot、WebCrawler、Lycos 等。研究竞争对手首先从其网站主页入手，一般来说，竞争对手会将自己的服务、业务和方法等方面的信息展示在主页上。从竞争的角度考虑，应重点考察以下八个方面的信息。

- 站在顾客的角度浏览竞争对手网站的所有信息，研究其能否抓住顾客的心理，给浏览者留下好印象。
- 研究其网站的设计方式，体会它如何运用屏幕的有限空间展示企业的形象和业务信息。
- 注意网站设计细节方面的东西。
- 弄清其开展业务的地理区域,以便能从客户清单中判断其实力和业务的好坏。
- 记录其传输速度特别是图形下载的时间,因为传输速度是网站能否留住客户的关键因素。
- 察看其站点上是否有其他企业的图形广告,以判断该企业在行业中与其他企业的合作关系。
- 对竞争对手的整体实力进行考察,全面考察对手在导航网站、新闻组中宣传网址的力度,研究其选择的类别、使用的介绍文字,特别是图标广告的投放量等。
- 考察竞争对手是开展网上营销需要做的工作,而定期监测对手的动态变化则是一个长期的任务,要时刻把握竞争对手的动向,在竞争中保持主动地位。

(6) 有关公众　公众(public)指对企业的营销活动有实际的潜在利害关系和影响力的一切团体和个人,一般包括新闻媒体、政府机关、社团组织以及一般群众等。

公众对企业市场营销的活动范围、企业及其产品等有实质性影响,比如新闻媒体对消费者具有导向作用,政府机关决定有关政策及其动态,一般公众的态度影响消费者对企业产品的信念。现代市场营销理论要求企业采取有效措施,与重要公众保持良好关系,树立良好企业形象。为此,企业应适时开展正确的公共关系活动,认真履行企业的社会责任,做好非营利的策划、规划和管理。

4. 汽车企业应对环境变化的策略

在分析企业应对环境变化的策略中,常用SWOT(图1-3)分析法,SWOT也称态势分析法或道斯矩阵,又叫风险与机遇矩阵分析法。它是20世纪80年代初期,美国旧金山大学的管理学教授韦里克发明制定的,该方法是从内部和外部收集各种资讯,用于分析环境、竞争对手等,找到优势、劣势及风险与机遇,制定战略及规划,它不仅适用于企业、团队,也适用于个人发展。

图1-3　SWOT

SWOT分析法中,S代表strength(优势),W代表weakness(弱势),O代表opportunity(机会),T代表threat(威胁)。其中S、W代表内部因素,O、T代表外部因素。按照企业竞争战略的完整概念,战略应是一个企业"能够做的"(即组织的强项和弱项)和"可能做的"(即环境的机会和威胁)之间的有机组合。

运用这种方法,可以对研究对象所处的情境进行全面、系统、准确的研究,从而根据研究结果制定相应的发展战略、计划以及对策等。

SWOT 分析法常常被用于制定集团发展战略和分析竞争对手情况,分析直观、使用简单是它的重要优点。

1) SWOT 分析模型

从整体上看,SWOT 分析可分为两个部分。

第一部分为 SW,主要用来分析内部条件。分析企业的优势,例如,核心竞争力是什么,未来发展带来的信心;企业的劣势,比如研发技术方面、内部的薪酬激励,包括资金带来困境等,这方面必须要实事求是。

第二部分为 OT,主要用来分析外部条件。面对企业优势和劣势,未来的机会在哪里?如何去把握?如何达成共识?企业的威胁在哪里?利用这种方法可以从中找出对自己有利的、值得发扬的因素,以及对企业不利的、要避开的东西,发现存在的问题,找出解决办法,并明确以后的发展方向。

2) SWOT 分析步骤

在进行 SWOT 分析时,一般有以下三个步骤,如图 1-4 所示。

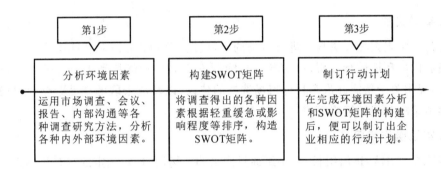

图 1-4 SWOT 分析步骤

(1) 分析环境因素。

运用各种调查研究方法,分析企业所处的各种环境因素,即外部环境因素和内部环境因素。外部环境因素包括机会因素和威胁因素,它们是外部环境中对企业的发展有直接影响的有利和不利因素,属于客观因素;内部环境因素包括优势因素和弱势因素,它们是企业在发展中自身存在的积极和消极因素,属于主动因素。在调查分析这些因素时,不仅要考虑历史与现状,而且要考虑未来发展中存在的问题。

(2) 构建 SWOT 矩阵。

将调查得出的各种因素根据轻重缓急或影响程度等排序,构造 SWOT 矩阵。在此过程中,将那些对企业发展有直接、重要、大量、迫切、久远影响的因素优先排列出来,而将那些间接的、次要的、少许的、不急的、短暂的影响因素排列在后面。

(3) 制订行动计划。

在完成环境因素分析和 SWOT 矩阵构造后,便可以制订出相应的行动计划。制订计划的基本思路是:发挥优势因素,克服弱势因素,利用机会因素,化解威胁因素;考虑过去,立足当前,着眼未来。运用系统分析的综合分析方法,将排列与考虑的各种环境因素相互匹配起来加以组合,得出一系列公司未来发展的可选择对策。在理想的状态下,SWOT分析是由专属的团队来完成的。一个SWOT分析团队,最好由一位会计相关人员、一位销售人员、一位经理级主管、一位工程师和一位专案管理师组成。

由于企业的整体性和竞争优势来源的广泛性,在做优劣势分析时,必须从整个价值链的每个环节上,将企业与竞争对手进行详细对比,如产品是否新颖、制造工艺是否复杂、销售渠道是否畅通、价格是否具有竞争性等。

企业在维持竞争优势的过程中,必须深刻认识自身的资源和能力,采取适当的措施。因为一个企业一旦在某方面有了竞争优势,势必会吸引竞争对手的注意。一般来说,企业经过一段时期的努力,建立起某种竞争优势,然后就处于维持这种竞争优势的态势,竞争对手开始逐渐做出反应;而后,如果竞争对手直接进攻企业的优势所在,或采取其他更为有力的策略,就会使这种优势受到削弱。因此,企业应保证其持久竞争优势。

【实践知识】

1. 实践目的

通过网络查询相关资料并进行市场调研,应用SWOT方法对新能源汽车企业的外部环境和内部环境进行分析,针对开发新能源汽车的自身优势和劣势与外部环境的制约因素,提出关于新能源汽车目标市场选择的建议,以及应采取的产品策略、价格策略、销售渠道策略和促销策略等。

2. 实践操作步骤

(1) 组建团队,选出组长,各小组通过网络和市场调研,对选定的汽车品牌进行市场调研。

(2) 完成该品牌汽车的SWOT风险和机遇分析矩阵。

【巩固训练】

分析讨论政治法律营销环境包含的内容及其对企业市场营销的影响。

【相关链接】

小鹏汽车企业分析
——未来出行探索者

小鹏汽车作为互联网电动汽车品牌,是中国知名企业,旗下车系涵盖轿车、运动型多功能汽车(SUV)。我们利用SWOT分析法对其优势、劣势、面临的机会和威胁进行分析,如图1-5所示。

内部因素 战略及对策 外部因素	S——优势(strengths) 1. 自主研发全栈式自动驾驶技术； 2. 智能化技术处于行业领先水平； 3. 采用"2S＋2S"新零售体系； 4. 业务多元化发展(出行、充电、飞行汽车等)	W——劣势(weaknesses) 1. 对标特斯拉等头部势力爆款，缺少过万销量产品； 2. 当前在售车型中缺乏主销30万以上的高溢价产品； 3. 研发、营销费用投入居高不下； 4. 营销布局上有差距，品牌效应需进一步强化； 5. 缺乏电池技术的战略布局，电池安全仍是大问题
O——机会(opportunities) 1. 中国新能源汽车市场的未来增长空间很广阔； 2. 自主研发全栈式自动驾驶技术后期可以拆分运营，开拓客户助力营收； 3. 服务体系日益完善，将提升小鹏汽车的竞争力和盈利能力； 4. 小鹏汽车未来将推出更高溢价的产品和XPILOT系统	SO战略 1. 利用小鹏汽车智能化全栈自研的技术储备，依托国家政策扶持，夯实小鹏汽车高颜值、高性价比、高智能化的产品优势； 2. 利用国内良好的技术研发环境，进一步加强电池系统、智能化以及生态科技的技术储备； 3. 强化供应商管理，优化成本结构，提升产品性价比，进而提升产品竞争力	WO战略 1. 争取地方政府的资金和政策扶持，保障企业高额的研发费用，以及智能制造工厂建设的资金要求； 2. 加强智能以及新能源产业链上下游的共创共投，对电机、电控、电池等三电核心技术的研发要加大自研幅度； 3. 有效地运用数字化与品牌差异化营销，加强广告和推广文案的投入，快速提升消费者对品牌的记忆力
T——威胁(threats) 1. 新能源汽车市场面临头部造车新势力和传统车企的竞争威胁； 2. 未来新能源汽车市场发展可能不及预期，对其主营业务造成较大冲击； 3. 电车充电慢、充电难仍是电车渗透的"老大难"； 4. 竞争加剧，特斯拉"鲶鱼效应"显现	ST战略 1. 持续强化小鹏汽车智能化标签； 2. 加强消费者需求和偏好的研究，以用户痛点和场景需求为导向开发产品的功能和偏好场景； 3. 围绕家用充电桩、小鹏超充站和第三方充电站，持续扩大充电网络； 4. 通过自有网约车平台"有鹏出行"来减弱公共交通等其他替代工具的威胁，网约车平台营运方面可以参考曹操出行，产品定制化方面可以参考滴滴	WT战略 1. 参考对标企业的新能源爆款产品，从外形、成本、续航能力、智能化等方面，建立并扩大小鹏汽车的差异化优势，加大高阶自动驾驶功能搭载，推出新产品，改变小鹏汽车目前车型销售单价不高的现状； 2. 选择有共同利益目标的企业进行战略合作(比如与蔚来共享充电网络，与高通合作智能座舱，与比亚迪合作电池系统等)，实现优势互补，抱团取暖； 3. 基于自身产品优势，寻找海外经销合作伙伴，加快海外布局

图1-5 小鹏汽车SWOT风险和机遇分析矩阵

【思考练习】

试分析汽车企业如何应对营销环境的变化。

学习任务3　汽车市场调查与预测

汽车市场调研有助于汽车经营者了解汽车市场状况,发现和利用汽车市场机会,调研结果是企业制定正确营销战略、开发新产品、开拓新市场的重要依据,有助于企业在竞争中占据有利地位。

【工作任务】

1. 任务分析

假设你是4S店的销售人员,针对汽车销售状况低迷的情况,为了了解客户需求和购买意向并促进销售,特举办"五一小长假订车大派对"活动。活动前针对吸引群体开展调研。

2. 实践操作

(1) 组建团队,选出小组长,明确调研目的,确定调研对象。

(2) 设计调研问卷,选择调研平台,发布调研问卷。

(3) 回收调研问卷,得出调研结论,撰写调研报告。

【理论知识】

在传统汽车调研方式中,问卷调查方式需要提前做很多准备工作,调研周期长,比较烦琐。而网络调研能很快解决这些问题,在专门的网络调研平台上有现成的问卷模板,可以根据实际需要进行问卷设计、发布、回收,查看平台自动生成的数据分析结果并下载问卷调查结果。

1. 汽车市场网络调研

网络调研是指利用互联网技术进行调研的一种方法,大多应用于企业内部管理、商品行销、广告和业务推广等商业活动。

汽车市场网络调研是运用互联网和信息技术,收集、整理、分析和调查所有与汽车消费市场有关的信息,从而把握市场现状和发展趋势,以便制定针对性的营销策略。

2. 汽车市场网络调研的特点

1) 无时空和地域限制

与传统调研受时空和地域限制不同,网络调研在互联网络和手机上进行,只要有网络,就可以不受时间和地域的限制。

2）便捷性和低成本

在网络上进行汽车市场调研，调研者和被调研者只需拥有计算机或手机就可以完成。调研者在调研平台上发出调研问卷，利用数字平台对受访者反馈的信息进行整理和分析，十分便捷，可大大减少企业市场调研的人力和物力耗费，缩减调研成本。

3）可检验性和可控制性

调研者可以通过数据分析了解调研结果的真伪，也可以控制参与调研的对象，还能控制参与区域。

4）充分性和客观性

汽车市场网络调研面对的调研对象多，区域广，调研数据结果能体现其充分性和客观性。

5）自动性和高效性

网络调研可自动回收数据，自动生成统计数据图表，减少人工统计的工作量，提高统计精确性和高效性。

3.汽车市场网络调研方法

现代汽车市场网络调研一般采用直接调研和间接调研两种方法。

1）直接调研

直接调研是为了特定的目的在互联网上收集一手资料获取信息。一般有网上问卷调研法、专题讨论法、网络观察法三种方法。

（1）网上问卷调研法　是指通过发放问卷了解消费者的调研方法。

（2）专题讨论法　是指利用消费者社区或者社群，调研者和被调研者共同参与得到一手资料的方法。

（3）网络观察法　是指调研者通过网站跟踪、数据观察了解消费者在某些网站或网店中的表现情况与喜好等。这种方法能真实地反映出汽车市场竞争者、消费者信息以及宏观和微观环境。

2）间接调研

间接调研指利用互联网收集与企业营销相关的市场、竞争者、消费者以及宏观环境等二手资料和信息。一般利用搜索引擎、相关网站、网络数据库三种渠道进行收集。

（1）搜索引擎　指通过网络搜索引擎进行信息查询和检索，国内一般常用的搜索引擎有百度、360搜索、搜狗等。

（2）相关网站　指利用相关政府网站、企业网站、门户网站、汽车专题网站、论坛等收集信息。

（3）网络数据库　指利用国内外大型商业数据库查找调研者所需的资料。

直接调研与间接调研两种方法的优缺点比较如表1-1所示。

表1-1　直接调研与间接调研优缺点比较

特点	直接调研	间接调研
数据真实性	一手资料，数据真实性高	依赖于收集资料的真实性
调研成本	高	低
调研时间	长	短

4. 常用问卷调研工具介绍

要做好汽车市场网络调研，需掌握和使用一些常用的调研工具平台，在这些工具的帮助下获取信息，为后续制定运营方案提供重要依据。

常用的网络调研平台有问卷星、问卷网、天会调研宝、调查派、易调网、新榜、微小宝、百度指数、头条指数等。其中问卷星是目前使用较为广泛的调研平台。

5. 汽车市场网络调研步骤

汽车市场调研一般分为明确调研目标，确定调研对象，制订调研计划，设计调研方案，收集与分析信息，调研问卷发放、回收和分析，撰写与提交调研报告七个步骤。

1) 明确调研目标

汽车市场调研首先要明确调研目标，确定指导思想，限定调研的问题范围。汽车市场营销涉及的调研目标范围很广，例如环境调研、消费者调研、需求调研、产品调研、销售调研、竞争对手调研等，因而，每次调研都要依据企业活动的部分内容展开。例如，某店为提高汽车售后部门的服务质量，对该店汽车消费者进行汽车使用情况及客户满意度调研，目的明确，范围限定，如图1-6所示。

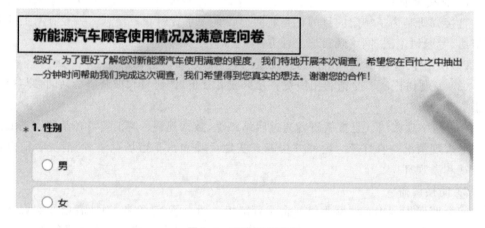

图1-6 明确调研目标

2) 确定调研对象

需要明确主要针对谁展开调研，比如是消费者、商家、竞争对手、合作者，还是第三方企业平台或者个人，只有确定调研对象才能正确设计调研内容。图1-7所示的调研对象为大众汽车车主。

3) 制订调研计划

这是整个汽车市场调研过程中最复杂的阶段。这一阶段的工作主要包括：

(1) 选择和安排调研项目，即要取得哪些项目的资料。这一点取决于明确的调研目标、调研区域和调研对象。

(2) 选择和安排调研方法，即取得资料的方法、采用的调研方法（直接调研法、间接调研法等）。

(3) 选择和安排调研人员，在选定调研人员的基础上对调研人员进行必要的培训。

大众汽车售后服务满意度调查问卷

非常感谢来填写这份大众汽车售后服务满意度问卷,这份问卷能让我们的售后服务做得更加出色。

1、您对该品牌的售后服务的总体印象怎样?【单选题】
- 非常满意
- 满意
- 一般
- 不满意

图 1-7　明确调研对象

(4) 选择和安排调研时间,以便于进度日程和工作进度的监督和检查。

4) 设计调研方案(以直接调研为例)

调研问卷主要分为五个部分:

(1) 标题　标题即问卷的题目,它概括说明了调查研究的主题,使被调研者对要回答的问题范围有大致了解。标题应精准简明,这样容易引起被调研者的兴趣,如图 1-8 所示。

汽车行业销售人才流失的调查问卷

尊敬的先生/女士:

您好!这是一份学术性的问卷,目的在于了解汽车行业销售人才流失的基本情况。本问卷采用匿名形式,盼您能真实作答。我们承诺对您填写的内容绝对保密,绝对不会对您和企业造成任何不良的影响,且仅供研究整体分析之用,不作其他用途。希望您仔细阅读后认真填写,不要有空项。对您的支持和协助我们表示衷心的感谢!

为了便于统计资料,请先填写您的基本信息(请在符合您情况的选项打√)

*1、您的性别:
　○男　　○女

图 1-8　问卷标题

(2) 问卷说明　问卷说明放在问卷开头,主要向被调研者说明调研的目的、意义,包括问候语、填表说明、填表所需时间及其他事项说明。问候语是为引起被调研者重视、消除疑虑、激发其参与意识、争取合作而设计的,一般放在问卷的开头,尽量采取简洁的方式,如图 1-9 所示。

关于汽车微信公众平台满意度调查问卷

您好，我们是陕西工业职业技术学院的学生，为了解目前汽车行业在微信公众平台上的客户关注度，以及更好地推动汽车微信营销的发展，我们进行了这一次的问卷调查。希望能得到您的配合与协助。此次调查无须填写姓名，请根据自己的实际情况，在每个问题所给出的几个答案中选择合适的答案填在问题后面的括号中。您的每一个答案都对此次调查有很大的帮助，请如实回答。

*1. 您的性别
○男
○女

图1-9 问卷开头

（3）被调研者基本情况　与传统调研不同的是，为了更好地进行市场细分，还需要了解被调研者的性别、年龄、民族、学历、婚姻状况、文化程度、职业、单位、收入、区域等信息。如果被调研者是企业，则需要对企业名称、地址、所有制性质、行业、规模、员工人数、经营状况及主打产品等信息进行设计，如图1-10所示。

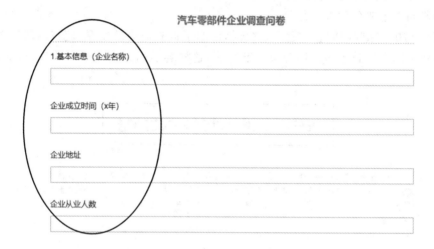

图1-10 被调查者基本情况

（4）调研的主题内容　主题内容是调研者要了解的基本内容，也是问卷中最重要的部分。主要内容以提问的形式提供给被调研者，调研题目设计的好坏直接影响调研质量。主要内容包括被调研者的需求、行为习惯、态度、个人偏好、意见、经营现状、面临问题、解决方法、未来判断等。

命题方式分为封闭式题目和开放式题目。封闭式题目包括单项选择题、多项选择题、是非判断题、矩阵打分题等。开放式题目包括开放式数值题、开放性文字题等，如图1-11所示。

确定调研主题的注意事项如下：
① 题目与调研主题密切相关。
② 尽量用简单的语言描述问题，避免使用专业术语和抽象概念，使被调研者容易接

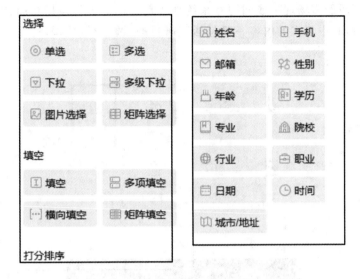

图 1-11 问卷命题方式

受,问题简短,次序条例清楚。

③ 容易回答的问题在前,题型一般为封闭式单选题或者是非判断题,不问回答者不知道的问题。

④ 较难的问题放在中间,问题不可以带有倾向性,应保持中立态度,问题框架要明确,题型一般为多选题。

⑤ 敏感性问题放在最后,一般不直接问,要间接、委婉,题型一般为开放式。

⑥ 结尾落款 一份完整的调研问卷,通常在问卷正式内容的最后记载关于调研过程的记录和被调研者的联系方式,并附上调研者的姓名、调研日期等。

5)收集与分析信息

通过发放和回收问卷,对被调研者开展问题调研,并通过统计、汇总、分析得出调研结论,了解消费者在网络消费过程中最关注的因素。

6)调研问卷发放、回收和分析

将设计好的调研问卷通过互联网平台发放,再对回收的信息进行统计,通过计算机对数据进行多维度的对比分析,最终得出本次调研所需的第一手资料,如图 1-12 所示。

图 1-12 数据分析

7)撰写与提交调研报告

调研报告是调研的最终结果,一般通过文字、图表等形式将调研结果呈现出来,方便人们对所调研的市场现象或问题有系统性了解。调研报告包括封面、目录、概要、正文等组成部分,其中正文的内容一般包括调研目的、调研对象、调研方法、数据分析、结论等,如图1-13所示。

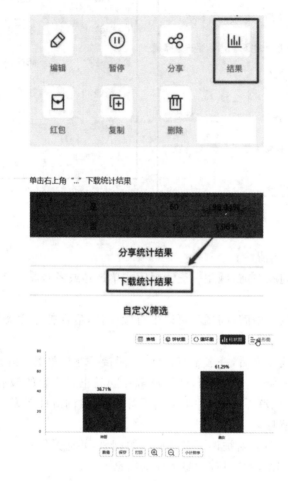

图1-13 下载统计结果

6. 汽车市场营销预测

汽车市场营销预测是在市场调研的基础上,利用预测理论、方法和手段,对未来一定时期内决策者关心的市场需求、供给趋势以及营销影响因素的变化趋势和可能水平做出判断,为制定营销决策提供依据的科学化过程。

市场营销预测根据目的、内容、方法的不同,一般有如下几个步骤。

1) 确定预测目的

进行一次成功的预测,首先要有明确的目标。

2) 收集、整理原始资料和现实资料

对于原始资料和新收集的资料,在预测前必须重新整理分析,对出现的异常数据要及时整改处理,以免采用模型预测时出现偏差。

3）选择预测方法

常见的预测方法有德尔菲法和集合意见法。德尔菲法是将整理出来的预测问题逐一拟出后分发给各专家，请他们填写自己的预测看法，再将反馈信息统一传给主持人分类汇总。如此循环几轮让意见更集中，从而得出预测结果。集合意见法则是根据企业经营管理要求，向研究问题的有关人员提出预测项目、预测期限的要求并提交资料后，根据预测的要求及掌握的资料，相关人员凭个人经验和分析判断能力，提出各自的预测方案，提供给主持人进行计算分类，确定最终预测结果。

4）实施预测

一旦确定预测方法，就可以进行预测，并根据各类预测结果进行分析、调整和修改。要先进行试预测，对模型精确度进行评价，当对精确度较为满意时，才可以进行正式预测。

【实践知识】

下面介绍问卷星操作过程。

（1）进入网站（https://www.wjx.cn/），如图 1-14 所示。

（2）注册账号：

① 点击右上角的"注册"按钮；

② 在注册页面填写账户信息，如图 1-15 所示。

图 1-14 问卷星官网

图 1-15 问卷星用户注册

（3）创建问卷调查表：注册好后，登录进入个人界面；点击左上方"创建问卷"按钮，如图1-16所示。

图1-16　创建调查问卷

（4）在"创建调查"的页面，既可以在文本框中自己命名并设计调查表也可以选择模板或者导入文本，选择好后点击"创建"按钮，如图1-17所示。

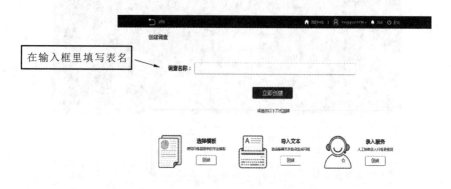

图1-17　创建问卷名称

（5）进入题目添加页面，点击"批量添加题目"，如图1-18所示。

（6）编辑问卷题目，设置答案填写形式，如图1-19所示。

（7）录入完所有题目后，可点击左上角"预览"页面，查看问卷显示效果，如图1-20所示。

（8）问卷题目设定完毕后点击右上角"完成编辑按钮"，在新页面点击"发布此问卷"，弹出问卷发布成功的窗口即可生成并发布问卷，如图1-21所示。

汽车网络与新媒体营销概述 项目1

图 1-18 批量添加题目

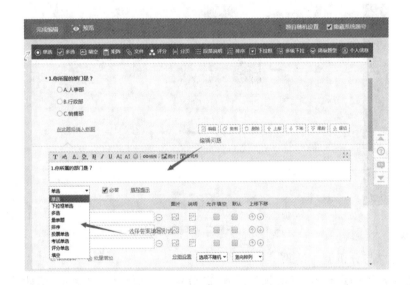

图 1-19 编辑题目,设置答案

图 1-20 问卷预览

图 1-21　编辑完成、发布问卷

（9）将问卷发布到社交软件，如图 1-22 所示。

图 1-22　下载二维码发布问卷

（10）汇总与分析调查结果。

① 在账户页面选择调查表，鼠标悬停在"分析 & 下载"按钮，点击"统计 & 分析"选项，如图 1-23 所示。

图 1-23　问卷分析

② 查阅调查结果,点击页面下方"下载此报告"按钮,如图 1-24 所示。

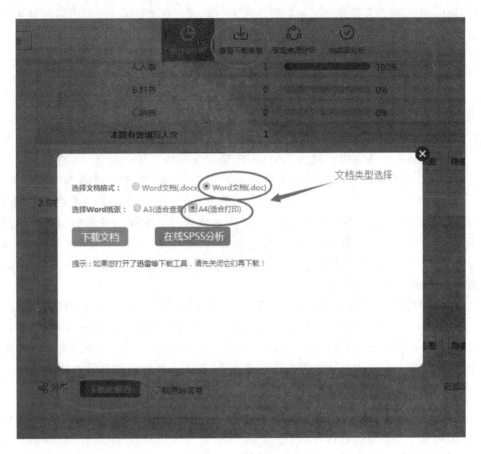

图 1-24　下载报告

【巩固训练】

利用问卷星等网络调研平台,设计一个关于大学生就业创业情况的调查问卷。

【相关链接】

2025 年乘用车市场预测报告

1. 新势力座次还存变数

随着 2024 年的缓缓落幕,新能源汽车市场经历了一场空前绝后的激烈角逐。在这场优胜劣汰的角逐中,不幸有 4 家造车新势力黯然退场,而众多幸存者则凭借顽强的生命力,将月销量稳稳维持在万辆的高位。这一格局的变化,无疑标志着造车新势力之间的淘汰赛已迈入一个崭新且更为关键的阶段。

2. 集中度还将提升

2024 年无疑是造车新势力洗牌的关键节点。步入 2025 年,这一趋势或将进一步加剧,行业将迎来全新的转折点。这个转折点不仅预示着部分企业将迎来命运的逆袭与上升,同时也可能意味着另一些企业将步入下行通道。在新阶段,新势力的兴衰更迭或将呈现出新的态势。具备一定规模的企业,即便遭遇困境,亦难以迅速退出市场舞台。相反,被收购或并购将成为一种可能,为行业整合带来新的契机与可能。

随着市场竞争的白热化,造车新势力行业集中度的提升已成为一股不可阻挡的潮流。在此过程中,并购活动日益频繁,成为行业发展的关键词之一。对于那些在技术积累、品牌影响力、市场渠道等方面占据优势,但资金链相对紧张的企业而言,寻求被收购或许是摆脱困境、实现重生的有效途径。

近年来,新势力并购案例层出不穷,不仅局限于国内企业间的整合,更有跨国并购的精彩上演。这些并购交易让并购方快速获取了技术、品牌、市场渠道等宝贵资源,加速了自身的发展步伐;对于被并购方而言,更是迎来了一次在新的平台上继续发展的宝贵机会。与此同时,新势力之间的合作与联盟也成为行业发展的新趋势。面对激烈的市场竞争,一些新势力选择携手合作,通过资源共享、技术互通、市场拓展等方式,共同提升整体竞争力。这种合作模式不仅有助于降低研发成本,还能加速新产品的推出,更好地满足市场的多元化需求。

对于那些缺乏核心竞争力、难以在市场中立足的新势力而言,被收购或并购或许是其最佳的归宿。而对于那些拥有强大竞争力、稳定现金流的领军企业而言,通过并购扩张规模、提升市场份额,则将成为其未来发展的核心战略之一。在这场造车新势力的激烈角逐中,并购与合作无疑将成为推动行业整合、促进产业升级的重要力量。

3. 强强联合也未可知

在造车新势力行业集中度日益提升的当下,头部势力之间的强强联手是否会成为现实,无疑是一个值得深入探讨的议题。审视当前市场格局,不难发现,头部新势力在技术积累、品牌影响力以及市场渠道拓展等方面均展现出了显著优势,它们之间的潜在合作无疑将释放出巨大的协同效应,推动整个行业向更高层次发展。

头部新势力的强强联合,不仅有助于巩固和扩大其市场地位,还能通过共同研发新技术、新产品,进一步提升市场竞争力。在品牌塑造和市场渠道开拓方面,深度合作也将促进资源共享,实现优势互补,从而构建更为稳固的市场版图。

然而,强强联合之路并非坦途。头部新势力间激烈的竞争态势,以及在市场份额、技术创新等方面的持续较量,都为合作带来了不小的挑战。此外,合作过程中的利益协调、文化融合等问题同样不容忽视,需要双方展现出高度的战略智慧和合作诚意,方能克服重重困难,实现共赢发展。"强强联合的成功,关键在于双方是否具备长远的战略眼光和真诚的合作意愿。"某投资机构负责人强调,"只有站在行业发展的高度,深刻认识到合作带来的长远价值,才能推动这一进程顺利进行。"

尽管面临诸多挑战,但头部新势力的强强联合依然是一个值得期待的选项。在未来的市场竞争中,这种合作模式或许将成为新势力突破发展瓶颈、实现跨越式发展的新引擎。2025年的造车新势力市场正步入一个全新的发展阶段,"拐点时刻"的到来将加速行业的洗牌与整合。在这个过程中,并购浪潮的兴起、集中度的进一步提升将成为显著特征,而头部新势力的强强联合则值得密切关注。无论未来市场如何演变,造车新势力都需要保持敏锐的市场洞察力、持续的技术创新能力以及稳健的经营策略,方能在激烈的市场竞争中屹立不倒,开创更加辉煌的未来。

4. 智能驾驶排位赛鸣枪

近年来,得益于传感器技术的飞跃、算法的不断优化以及计算能力的显著增强,智能驾驶技术取得了长足的进步。其中,NOA(navigate on autopilot,导航辅助驾驶)功能作为智能驾驶领域的关键一环,极大地提升了驾驶的便捷性,并为最终实现完全自动驾驶奠定了坚实的基础。然而,尽管 NOA 技术在研发和应用方面已经取得了显著成果,但在实际道路环境中,尤其是在面对恶劣天气条件和复杂路况时,其表现稳定性仍面临诸多挑战。

2025 年,对于 NOA 技术而言,是至关重要的一年。这一年,不仅预示着 NOA 技术将迎来一系列技术上的重大突破,以解决当前存在的稳定性问题,提升在各种条件下的表现;同时,也是 NOA 技术市场渗透率快速提升的关键节点。随着消费者对智能驾驶技术认知度的提高以及接受度的增强,NOA 功能有望成为众多智能车型的标准配置,进一步推动智能驾驶技术的普及和应用。

5. 跨越体验鸿沟

NOA 技术的精髓在于融合高精度地图、雷达、摄像头等多种传感器,使车辆能够在道路上实现精准的自主导航与避障功能。然而,部分 NOA 系统的稳定性和准确性尚有不足,难以全面满足用户对高度可靠性和一致性的严苛要求。

业内普遍共识是,2025 年将是 NOA 技术取得重大飞跃的关键之年。随着传感器技术的日新月异和算法的不断精进,NOA 系统在恶劣天气和复杂路况下的表现将迎来质的飞跃,从而更加精准地满足广大用户的出行需求,开启智能驾驶技术的新篇章。

随着 NOA 技术的日益精进与市场需求的不断攀升,智能驾驶领域的竞争愈发白热化。当前,国内外众多车企及科技公司正积极布局 NOA 技术,以期在这一前沿领域占据领先地位。从市场渗透率的视角审视,NOA 技术仍有广阔的拓展空间。

2025 年,被视为 NOA 技术实现快速规模化应用的关键之年。随着技术的持续成熟与成本的逐步下探,NOA 功能有望成为更多车型的标配,市场渗透率也将迎来显著跃升。为实现这一目标,车企与科技公司需从多维度发力。首先,要不断提升NOA 技术的性能与稳定性,确保其在各种路况与天气条件下都能为用户提供安全、便捷的出行体验。其次,加强市场推广与品牌建设同样至关重要,通过多样化的营销手段提高用户对 NOA 技术的认知度与接受度。最后,深化与产业链上下游企业的合作也是不可或缺的一环,共同推动智能驾驶技术的普及与应用,加速智能驾驶时代的到来。

6. 新机遇,新起点

展望 2025 年,智能驾驶领域的前景将更加辽阔且充满机遇。随着技术的持续飞跃与市场边界的不断拓展,NOA 技术无疑将成为智能驾驶领域的一颗璀璨明星。在技术层面,传感器技术的革新、算法的深度优化以及计算能力的显著增强,将共同推动 NOA

系统性能的大幅提升。这一进步将使 NOA 技术更加游刃有余地应对各种复杂路况与恶劣天气条件,从而满足更广泛用户的出行需求,为智能驾驶的普及奠定坚实基础。

市场方面,随着消费者对智能驾驶技术的认知加深与需求激增,车企与科技公司正面临前所未有的发展机遇。它们将更加注重用户体验与服务品质的提升,通过不断优化产品功能与服务质量,来赢得用户的信赖与支持,从而在激烈的市场竞争中脱颖而出,占据更大的市场份额。

与此同时,随着智能驾驶技术的日益成熟与广泛应用,相关法规与标准的制定与完善也将提上日程。这将为智能驾驶技术的发展提供更为坚实的法律保障与规范引导,推动其向更高层次、更广领域迈进。

2025 年是智能驾驶领域排位赛的关键之年。在这一年里,NOA 技术将实现快速规模化应用与市场渗透率的显著提升,成为智能驾驶领域的重要风向标。对于车企与科技公司而言,把握这一历史机遇,加大技术研发与市场推广力度,将是赢得智能驾驶排位赛领先地位的关键所在。这一变革不仅将重塑汽车产业格局,更将深刻影响人类社会的未来发展。

7. 飞行汽车"走进生活"

随着科技的日新月异与城市化步伐的迅猛推进,传统汽车行业正经历一场前所未有的深刻变革。2025 年,作为这一变革历程中的关键节点,各大车企正积极探寻新的战略方向,以期在瞬息万变的未来出行市场中稳稳立足。飞行汽车,这一昔日仅停留于科幻电影想象中的交通工具,如今正稳步跨越理论与实践的鸿沟,逐渐走进现实。得益于技术的持续精进与市场的日渐成熟,越来越多的车企将目光投向飞行汽车领域,视其为未来出行的蓝海市场,竞相布局,以期抢占先机。

8. 天空的新赛道

当前,业界已普遍达成共识,飞行汽车无疑是汽车行业的一次颠覆性创新。它不仅彻底颠覆了人们的传统出行方式,更为车企们开辟了新的增长点,引领着汽车行业迈向更加广阔的未来。随着技术的日新月异,飞行汽车正逐步从梦想走进现实,有望成为未来出行领域的重要组成部分。

然而,尽管飞行汽车的前景令人憧憬,但要实现其商业化应用,仍需跨越重重技术难关。对飞行汽车的动力系统、飞行控制系统以及安全性能等方面均需进行深入研究与优化,以确保其稳定、可靠地运行。同时,飞行汽车的法规标准制定、空中交通管理等问题也亟待解决,以保障飞行汽车的安全、有序飞行。

面对这些挑战,车企并未退缩,而是迎难而上,不断加大研发投入,努力攻克技术难题。可以预见,在不久的将来,随着技术的不断突破与完善,飞行汽车将真正走进人们的生活,为人们带来更加便捷、高效的出行方式,开启未来出行的新篇章。

飞行汽车的加入极大地丰富了车企的产品矩阵。以往,车企的产品重心多聚焦于地面交通工具,而今,飞行汽车的横空出世为车企开辟了全新的产品线。这一变革不仅显著增强了车企的市场竞争力,更使其能够精准捕捉并满足用户日益多元化的出行需求,为用户带来前所未有的出行新体验。

飞行汽车将成为推动车企技术创新的强大引擎。为了确保飞行汽车的安全、高效与智能运行,车企们不得不持续探索新技术、新材料与新工艺。这一过程不仅锤炼了车企的技术研发能力,更为整个汽车行业的科技进步注入了强劲动力,加速汽车技术的迭代升级。

飞行汽车为车企开启了全新的商业模式探索之旅。相较于传统汽车,飞行汽车的运营与维护成本更高,这催生了对更加专业、高效的服务与支持的需求。车企们可借此契机,拓展如飞行汽车租赁、专业维修与保养等全新业务领域,开辟全新的利润增长点,为企业的可持续发展注入新活力。

9. 出行的边界在哪里

飞行汽车的加入,无疑为车企的出行版图带来了前所未有的拓展。然而,这份拓展并非无边界的狂欢,而是需要车企在布局飞行汽车领域时,审慎考量自身的技术底蕴、市场需求动态及战略规划的合理性。

在技术层面,车企需持续精进,确保飞行汽车的安全、高效与智能运行。这要求车企加大研发投入,广纳贤才,并积极寻求与国际先进技术的深度交流与合作,以技术为翼,助力飞行汽车翱翔天际。

在市场需求方面,车企需敏锐捕捉并灵活应对市场的微妙变化。随着飞行汽车的逐步普及,用户的期望与需求也将随之演变。车企需紧跟市场脉搏,适时调整产品结构,创新商业模式,以满足用户日益多元化的出行需求。

战略规划上,车企需确保飞行汽车业务与整体业务版块的协同共进。飞行汽车作为车企的新增长极,应与现有业务形成良性互动,共同驱动车企的持续稳健发展。

步入2025年,车企们正紧盯飞行汽车这一新赛道,勇毅探索出行的未来图景。飞行汽车的出现,既为车企开辟了新天地,也带来了新考验。唯有坚持创新驱动,勇于攀登技术高峰,车企才能在激烈的市场竞争中脱颖而出,引领汽车行业的新风尚。

展望未来,随着技术的迭代升级与市场的日益成熟,飞行汽车有望成为汽车行业的新焦点,为人们提供更加便捷、高效、智能的出行选项。车企需紧跟时代步伐,以更加开放的姿态和前瞻的视野,迎接未来出行时代的到来。

【思考练习】

现阶段汽车市场调研和预测的方法有哪几种?

学习任务4 汽车消费者购车行为分析

随着科技的发展和大数据的应用,企业对客户的理解和洞察越来越深入。汽车作为大宗商品,其购买决策过程复杂,消费者需求多样。因此,对汽车客户进行精准画像,深入分析其消费行为和需求,对于汽车企业来说具有重要的战略意义。

【工作任务】

1. 任务分析

"Z世代"是指1995—2009年出生的群体,又称"网络世代""互联网世代"。他们谙熟数码科技,受到互联网、即时通信、社交媒体的影响极大,是第一代从小就生活在电子虚拟世界与现实世界的原生世代,英文是Generation Z。可以预见的是,"Z世代"年轻人将成为未来新的消费主力军。了解这一代年轻人在消费上的趋势及特征,将有利于在汽车产业规模的二次增长中获得领先地位。

2. 实践操作

(1) 利用学习任务3中所学知识,设计调查问卷,调查"Z世代"汽车消费者的消费特点。

(2) 利用问卷星、问卷网等网络调查工具获取一手资料。

(3) 分析调研数据,撰写调研报告。

【理论知识】

消费行为一般来说是人们为满足需要和欲望而寻找、选择、购买、使用、评价及处置产品和服务时介入的活动。汽车市场营销的目的就是要了解消费者的这些行为特征,把握汽车消费者的心理活动以及汽车市场的发展趋势,从而不断调整产品。汽车市场营销就是从汽车消费者的购买行为及决策过程出发,构建用户画像,制定相应的汽车市场营销策略,以此找到新的营销机会,最终在竞争激烈的汽车消费市场中占得先机。

1. 汽车消费者画像

(1) 汽车消费者画像概述　消费者画像又称用户画像,或者用户角色,是营销团队用来分析用户行为、动机、个人喜好的一种工具。用户画像能够让营销团队更加聚焦用户群体,对目标用户群体有一个更为精准的理解和分析。对于线上营销运营者来说,每一次营销都是为特定的用户提供服务而存在的,"特定的用户"是作为一种虚拟形象存在的用户画像,依据一群真实的、有代表性的目标受众的各类数据总结而来。通过用户的性别、年龄、教育水平、工作地域、婚姻状况等信息对用户进行一次精准的分析,可以勾勒出一个生动而立体的形象群体,如图1-25所示。

(2) 汽车消费者画像的构建步骤　消费者画像是对一群人进行特征描述和共性特征提炼,需要从显性画像和隐性画像两个方面入手。显性画像:用户群体的可视化的特征描述,如目标用户的年龄、性别、职业、地域、兴趣爱好等特征。隐性画像:用户内在的深层次的特征描述,包含用户的产品使用目的、用户偏好、用户需求、产品使用场景、产品使用频次等。

用户画像分为以下三个步骤,即基础数据采集、分析建模、结果呈现,如图1-26所示。

① 基础数据采集　数据是构建用户画像的核心依据,在基础数据采集时可以通过列举法先列举出构建用户画像所需要的基础数据,如表1-2所示。

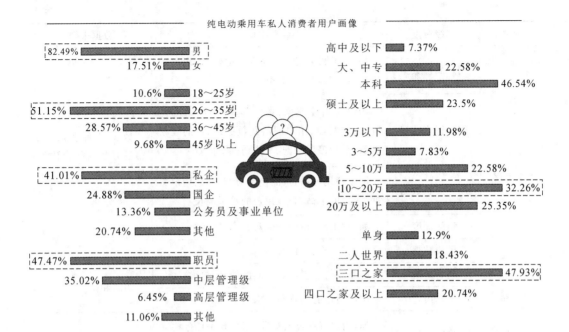

图 1-25 汽车消费者画像

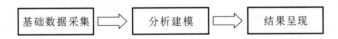

图 1-26 用户画像步骤

表 1-2 基础数据建模维度及内容

一级维度	二级维度	数据举例	数据来源
宏观层	行业数据	如:用户群体的社交行为、用户群体的网络喜好、用户群体的行为洞察、用户群体的生活形态调研	行业调研报告
	用户总体数量	如:用户总量、不同级别用户分布、用户活跃情况、转化数据	
	总体浏览数据	如:页面浏览量(PV)、独立访客数(UV)、访问页面数	
	总体内容数据	如:社区产品的用户发帖量(包含主题数、回复数、楼中楼等数据)、不同级别用户发帖数据等	

35

续表

一级维度	二级维度	数据举例	数据来源
中观层	用户属性数据	如：用户终端设备、网络及运营商，用户的年龄、性别、职业、兴趣爱好等	数据前台和后台、第三方数据平台研发导出
	用户行为数据	用户的黏性数据、访问频率、访问时间间隔、访问时段、用户的活跃数据、用户的登录次数、平均停留时间、平均访问页面数	
	用户成长数据	网络使用习惯、产品使用习惯、新老用户数据、用户的生命周期、用户的等级成长	
	访问深度	如：跳出率、访问页面数、访问路径等	
	模块数据	产品各个功能模块	
	问卷调研	问卷调研过程中各个问题的情况反馈	调研和访谈
	用户访谈	访谈用户的问题和需求反馈	
微观层	用户参与度数据	如：用户资料修改情况、用户新手任务栏完成情况、用户活动参与情况	数据后台、第三方数据平台研发导出
	用户点击数据	用户各个功能模块和按钮的访问点击情况等	

从表1-2中可以看出，列举的数据维度较多，在构建用户画像过程中应根据需求进行相关的数据筛选。基础资料和数据收集环节通过一手资料（调研和访谈）和二手资料（研究报告和文献）获取相应的数据。文献资料和研究报告这些资料和数据从产品数据后台、问卷调研、用户访谈三个方面来获取。

② 分析建模　当用户画像所需要的资料和基础数据收集完毕后，接下来需要对这些资料进行分析和加工，提炼关键要素，构建可视化模型。例如新能源汽车主要面对已婚男士这个群体，就需要对整个男性群体的年龄、学历、工作、婚姻、收入等进行分析，如图1-27所示。

图1-27　构建可视化模块

③ 结果呈现　用户画像是从显性画像和隐性画像两个方面构建消费者的消费特征的,因此,整个用户画像也要从这两个方面呈现,如图1-28、图1-29所示。

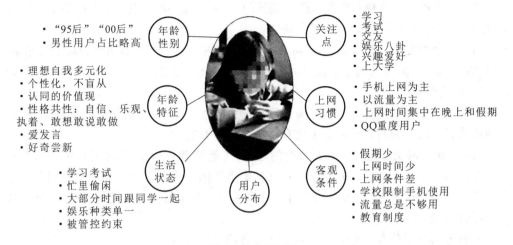

图1-28　显性特征

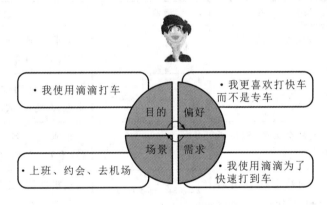

图1-29　隐性特征

2. 影响汽车消费者购车决策行为因素

构建消费者画像的主要目的是发现、发掘顾客的需求,而消费者的需求是通过购买汽车产品满足的,会经历购买决策的逻辑过程,这个过程会受到内在因素和外在因素的影响。

影响消费者购买行为的内在因素很多,主要有消费者的个体因素与心理因素。购买者的年龄、性别、经济收入、教育程度等因素在很大程度上影响消费者的购买行为。

1) 个体因素

购买者的年龄、职业、经济收入、教育程度等因素会在很大程度上影响购买者的购买行为。

(1) 年龄。一个人在不同的年龄阶段,所需要的产品和服务是不同的,审美观和价值观也会不同,从而表现出不同的购买行为。

(2) 职业。职业决定一个人的社会地位以及他所扮演的角色,同时也决定着他的经济状况,从而影响消费模式。如教师、律师及政府官员大多喜欢购买传统品牌轿车,代表庄重、沉稳与威严。年轻的公司职员则喜欢尝试网联化、智能化的新品类汽车。

(3) 经济收入。消费者的收入是有差异的,同时又在不断变化,决定消费的数量、质量、结构及消费方式,从而影响购买行为。

(4) 教育程度。一般来说,消费者受教育程度越高,对精神方面的消费需求就越多。同时,购买汽车产品时更加注重汽车的性能、设计和舒适感受。

2) 心理因素

消费者心理是指消费者在满足需要活动时的思想意识,支配着消费者的购买行为。影响消费者购买行为的心理因素主要有动机、感受、态度、学习。

(1) 动机　动机是消费者购买行为的起点,了解消费者的需要,正是研究消费者购买行为的切入点。不同层次的消费者对汽车要求不同。消费者的需要通常通过他的意向、愿望、兴趣体现出来,销售人员通过用户画像可初步了解消费者的需求层次,明确需求,做到精准推介。

一般将汽车消费者心理动机分为以下几类,如表1-3所示。

表1-3　汽车消费者心理动机

动机类型	购买动力源	消费心理	表象特征
感情动机	由个人情绪和情感激发产生	求新、求美、求荣	追求汽车外观造型时尚,个性为主,不太注重实用价值及价格
求实动机	由个人客观需要激发产生	求实、求廉、求安全	追求实际功效作用,讲究经济实惠、方便,不太注重外观
理智动机	由个人社会荣誉、地位激发产生	求品、求名、求认可	追求汽车名牌、档次,彰显身份,不关注价格,享受尊荣
惠顾动机	由个人对特定商品、商店产生特殊的信任和偏好形成	经常性、习惯性嗜好	追求便捷、实用,富有依赖心,不关注价格

从表1-3可以看出,消费者的购买动机是复杂的、多层次的,人们的购买动机不同,购买行为必然是多样的、多变的。同时,消费者的心理活动一般是隐性的、看不见的,消费者在认识商品的过程中根据自身需要逐步明确目标,转化为购买动机,最后成为实际购买汽车的直接动因。

(2) 感受　感受指人们的感觉和直觉,是消费者随着感觉的深入,各种汽车商品信息在头脑中被联系起来,从而进行初步的分析判断,形成反应的心理过程,主要体现在三个方面。

① 选择性注意　是指消费者在获取汽车信息时,只对与自己需要有关的、特别留意的、独特的信息留下深刻印象。

② 选择性曲解　是指消费者以个人意愿去理解信息的倾向,常会造成先入为主的观念。如果汽车营销企业能始终坚持诚信经营、优质服务,努力提高企业的品牌形象,就会在消费者心中占据牢固的地位。

③ 选择性记忆　是指消费者有倾向性地记住自己喜欢的、感兴趣的、印象特别深刻的信息。

（3）态度　态度常指个人对事物所持有的喜欢与否的评价、情感上的感受和行动倾向。

消费者态度主要源于与汽车商品的直接接触、受他人直接或间接的影响、家庭教育与本人经历，包含信念、情感和意向。一般在网络与新媒体营销过程中，力求选择消费者信任的信息传达者或信息输送渠道，积极地将消费者引流至线下参与试乘试驾活动，体验和了解产品，从而促使消费者产生积极肯定的态度。

（4）学习　学习是指由于经验引起的个人行为的改变。消费者在购买和使用汽车的过程中，一般事先通过网上的各种渠道获取知识、经验与技能，不断地提高自身对汽车的认识、评估决策能力，从而完善购买行为。如汽车4S店经销商通过微信公众号VR（虚拟现实）虚拟场景看车、线上预约试乘试驾等措施来强化消费者对汽车产品的了解，激发消费者的联想，并将驱策力激发到马上行动的地步，如图1-30所示。

图 1-30　线上 VR 看车

3. 汽车消费者购车行为决策路径

当今，用户消费行为路径发生了新的变化，车企纷纷由"强线下"销售转入线上销售模式，消费者购车行为决策路径主要有以下两种。

（1）传统线上购车路径　传统线上购车路径一般分为认知、熟悉、对比、留资四个过程。消费者一般通过门户网站、垂直网站、官网、抖音等平台浏览车辆，在获得车辆信息后对自己感兴趣的汽车品牌做进一步熟悉和了解，然后通过渠道进行比质比价，最后在心仪的车辆网站留下自己的资料信息以备后续沟通。这种路径呈单向线形，如图1-31所示。

图 1-31　线上购车示意图

由图 1-31 可发现,传统线上购车路径处于线上销售初期探索阶段,销售内容和工具比较"粗放",用户目标也不明确,后续还要经过线上销售电话联系、预约试乘试驾、店内看车等很长一个行为决策周期。

(2) 现代网状购车路径　消费者的购买决策路径展现出动态、无序化特征,传统线上营销模式已经无法满足用户的购车需求。在需求变迁驱动下,汽车企业的经营也日益由"粗放"的线形向精细化转变,转向以多行为阶段、多流转路径为特征的现代网状购车模式,如图 1-32 所示。

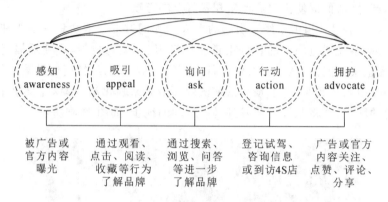

图 1-32　网状购车模式示意图

由图 1-32 可发现,消费者获得信息更轻松,信息来源呈现多样化,用户的消费行为更多地呈现出浅层决策购车的特征。在这种无序网状路径下,决策过程更快,目标更加聚焦,购车的周期大大缩短。

【实践知识】

根据用户基本特征、兴趣爱好、价值观、汽车观等维度全方位刻画某新能源汽车用户画像,并对其画像进行分析,如图 1-33 所示。

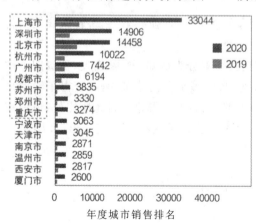

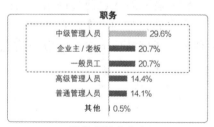

图 1-33　消费者的特征分析

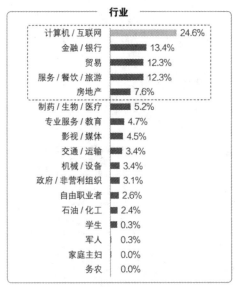
消费者行业分布

消费者性别比例

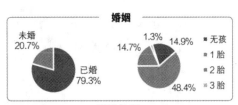
婚姻状况

消费者单位分布

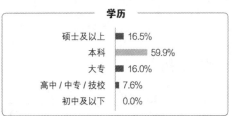
学历分布

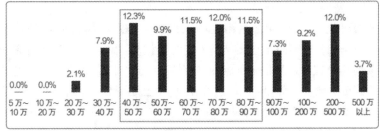
消费者收入水平

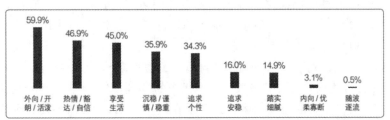
消费者性格特征

续图 1-33

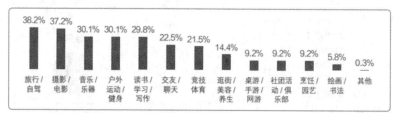

消费者兴趣爱好

消费者价值观

续图 1-33

【巩固训练】

作为未来汽车消费者,试分析自己的消费行为和消费特点。

【相关链接】

"00后"买车大调查:"Z世代"年轻人的消费心理你真的懂?

当在中国几乎从不选择代言人的宝马,在2020年以刚满20岁的易烊千玺为代言人,而同样以个性出名的雷克萨斯在今年选择了同龄的王俊凯作为代言人的时候,人们知道,一个新的消费时代已经开始了。

这个新消费时代以1995年之后出生的人群为主,在欧美等地区,他们又被称为"Z世代",指在1995—2009年间出生的人,又称网络世代、互联网世代。这部分人群被认为是新的消费趋势所在,而危机感强烈的汽车车企们在年轻化的战略中毫不犹豫地将目光聚焦在这部分人群上,费尽心思,这令前不久还处于核心的1985—1995的人群惊呼,原来自己已经不再是年轻人,而属于中坚力量了。

现在,汽车车企们忙着走入二次元,运动元素当然少不了。车企认为这一代年轻人有钱又独立,追求自由和烂漫。他们对品牌毫不在乎,在乎的是价值观和文化的一致,这成为新品牌崛起的关键。但是在豪华车不断增长的销量和消费年龄不断降低的情况下,这一切似乎变得有点不确定起来。

公安部数据显示,截至2019年底,全国汽车驾驶人数量为3.97亿,18—25岁占比12%,约4800万。目前"Z世代"多数为有本无车的"本本族",但未来随着这一庞大群体集中进入职场,消费能力的增加或将首先显现在汽车领域。不过,即使目前无车,"Z世代"年轻人也已成为用车主力人群,对车的接触率和了解远超他人,鉴于此,他们对车的偏好也正在成为车企努力想要了解并参考的内容。

针对此,新浪汽车联合经济观察报启动了"'Z世代'购车面面观之'00后'购车意向大调查",在收集到的样本中,"00后"购车观呈现出了一个个性鲜明的轮廓。

与简单表面的"年轻化"定义和前几代消费主力的偏好不同,"00后"的购车观似乎正在刷新汽车品牌的价值排行:"00后"对自主品牌的认可率达到最高值,选择率超过30%,已与德系平齐;同时,对特斯拉、蔚来等新兴电动车品牌以及红旗、WEY等本土传统车企的新高端品牌,都表现出了较高的兴趣;在汽车动力追求和环保理念之间,多数人选择了前者;而在价格敏感度上则呈现出两个极端。

这一结果呼应了"国潮化"正在拥有众多年轻粉丝的事实,同时,对新车联网和智能驾驶技术的兴趣是"00后"选择自主品牌的主要理由之一,这也预示着智能化将成为决定汽车品牌竞争力新排名的关键。

1. 汽车消费偏稳重

从调查结果来看,"00后"的第一辆车很大一部分是父母出资,而从年龄上看,"00后"的父母以"65后"和"70后"为主,从年龄到政策约束上来看,"00后"以独生子女居多。而且居住在城市中的"00后"父母,受过大学教育以及在国企任职者也不在少数,为中国经济的中坚阶层,中高产阶层的家庭不在少数。因此,对"00后"而言,购车的第一桶金并不缺乏。

不过,问卷调查的结果也显示,在两项涉及购车意愿的问题中,有相当一部分人似乎对购车没有兴趣。在"'00后'的你对买车的真实看法是什么?"的问卷中,高达16.3%的受访者选择没有购车想法,如图1-34所示。而在问及什么样的车会让"00后"感兴趣的时候,也有13.9%的人表示自己"不想买车",如图1-35所示。

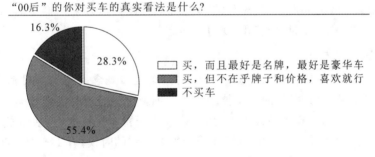

图1-34 "00后"对买车的真实看法

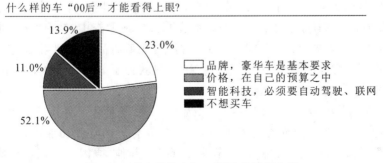

图1-35 什么样的车"00后"才能看得上眼

在购车的选择上,价格依然是最重要的因素。在回答"什么样的车'00后'才能看得上眼?"时候,在总参与人数为2859人的购车意愿调查中,选择"(更看重)价格,在自己的预算之中"的人占了52.1%。而与此同时,当问及买车的时候是否看中品牌和价格的时候,在总计1852人参与的调查中,选择"不在乎牌子和价格,我喜欢就行"的占了55.4%。

这产生了一个看似矛盾的结论,一方面不在乎品牌和价格,但同时又要预算优先。这呈现出"00后"价值观多样化的特点。从生活环境来看,"00后"从小便接触车辆,其家用车品牌和父母的汽车消费观对其影响不容忽视。这造成了一部分家境优渥者对价格敏感度低,但从占比来说,由于小康家庭仍居多数,因此务实的汽车消费观仍是主力。

总体财力的宽裕使得豪华车对"00后"的吸引力巨大。在"什么样的车'00后'才能看得上眼?"的调查中,23%的受访者认为"品牌,豪华车是基本要求"。在另一项"你对买车的真实看法"的调查中,也有28.35%的人选择"最好是名牌,最好是豪华车"。而据另一份经济观察报实习记者对"00后"的高校大学生的调查(样本超过百人),有55.74%的"00后"在选择自己第一辆车时选择了10万~20万价位的汽车,选择30万以上价位的"00后"占26.22%。

这意味着,超过81%的人选择了10万元以上的汽车,这意味着小型车和经济型车在未来的市场中会面临着较小的市场份额,当然此次调查的样本偏向于受教育程度较高的年轻人,这对结果本身也产生了影响。

从购车行为来看,"00后"似乎也有着超出外界预期的"老成"和保守心态。有14.75%的受访大学生认为,存款达到10万~20万便可安心购买自己的第一辆车,而剩余的调查对象都选择了存款达到20万以上的选项,其中,选择存款达到40万以上的人数占34.43%。不过,仅有16.39%的调查对象选择在购买第一辆车时"付全款",余下调查对象则选择了"分期付款"和"视情况而定"。

2. 热衷智能黑科技

不过,对新技术的热衷并没有被"老成"的汽车消费观念所掩盖。对新事物本能的好感和高接受度,以及其所处的汽车技术正快速创新更替的环境,让"00后"对汽车的关注点已不再瞄准于动力等机械性能上,而开始聚焦于智能化技术,包括车联网和自动驾驶技术等,在回答"什么样的车'00后'才能看得上眼?"的时候,有11%的"00后"选择了"智能科技,必须要自动驾驶、联网"这一项。

而随后在回答"'00后'更青睐的品牌派系是哪一种"的时候,有31.6%的人选择了国产自主品牌,如图1-36所示,原因是中国自主品牌汽车进步快,车联网智能科技领先。这一比例仅比第一选择德系车低0.2%。而在高校实地调查中,针对"购车最在意的指标"这一项,智能化名列第一,获54.1%的支持率,颜值与品牌并列第二,获52.46%的支持率,而汽车动力性能却被"00后"抛在身后,只获得了34.43%的支持率,占比居然为倒数第一。

受访大学生中,有70.49%的调查对象选择了"希望拥有一辆具备自动驾驶功能的汽车",但也有近30%的调查对象表示,不会选择具有自动驾驶功能的汽车,理由都是"忧心自动驾驶安全性",真正"喜欢开车手感"或有"其他"原因的人仅占极小部分。由此可见,在自动驾驶技术走向成熟后,"00后"或许会乐于为之买单。

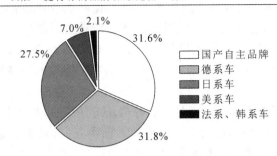

图1-36 "00后"更青睐的品牌派系

对新出行方式的推崇则在"00后"的用车观上得到体现,上述高校调查涉及的大学生中,有多达42.62%的调查对象认为他们拥有汽车后,"上下班或空闲时间,在顺路的情况下,会用车来进行滴滴打车等出行方面的工作"。

让人意外的是,在选择燃油车还是电动车的选项中,有30%的受访者表示"不确定,看眼缘",如图1-37所示。其余受访者中,44%的人选择了燃油车,26%的人选择了电动车。这被认为显示出了"00后"用车的特殊性,由于他们并不需要考虑家庭出行的需求,日后工作出行需求也存在不确定性,因此,选择燃油车还是电动车完全取决于个人喜好,动力之外的其他因素反而可能成为决定选择的关键。这也佐证了上述调查中"00后"对动力性能关注度低的表现。

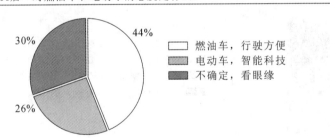

图1-37 "00后"对燃油车和电动车的态度

在选择燃油车还是电动车的问题中,有受访者表示,家庭选择第一台车的时候会选择燃油车,如果方便充电、可安装充电桩的话第二台车可能会选择电动车,"不接受油电混合"。

3. 主流豪华仍是第一选择

在许多消费领域,"00后"虽然已经呈现出"去品牌化"的价值观,但在汽车消费上,品牌依然是重要的选择标准。在"00后"购车意向大调查中,购车首选因素选择"品牌"的占据了23%。而在大学生调查中,回答"会对汽车哪方面作出要求"的问题时,选择"品牌"的占据了52.46%。

不过,"00后"对汽车品牌的价值排序显然已经颠覆了以往。调查显示,在"'00后'

更青睐的品牌派系是哪一种"这一问题中，31.6%的受访者选择了国产自主品牌，认为其进步很快，在智能化等技术上已经处于领先水平，这一比例基本与德系车比肩。

有31.8%的受访者选择了德系车，原因很简单，认为德国制造比较可靠；另有27.5%的受访者选择了日系车。三类选择已经占据了90.9%，只有7%的受访者选择了美系车，2.1%的受访者选择了法系和韩系。显然，"前辈们"对合资品牌的执念在"00后"这里已经消减很多。

这样的选择也和各派系车在中国的销量形成呼应。近几年来，德系车、日系车在华份额保持稳定，尤其是日系车，抗压能力让业界侧目。而美系、韩系和法系则下滑较为严重。这意味着在年轻人所喜爱的汽车元素和设计上，这三者需要提升。

自主品牌的受宠并不让人意外，事实上，在多个领域，国产品牌目前都已经呈现上升趋势，汽车领域的"新国潮风"尤其盛行，加之比亚迪、长城等品牌在技术突破和品牌营销上的进步，已经在包括"00后"在内的年轻消费群中形成一定的品牌黏性，拥有一众拥趸。

除了支持自主品牌，"00后"对新兴品牌也显示出了超过市场预期的接受度，新造车品牌和本土新豪华品牌开始出现在"00后"的备选清单中。调查显示，在对高端品牌的青睐度上，虽然奔驰、宝马、奥迪、雷克萨斯等主流豪华品牌仍然获得近50%的支持率，如图1-38所示，但是，特斯拉、蔚来等新兴的新能源汽车品牌也被16.7%的受访者选择，此外，红旗、领克、WEY等中国高端品牌也被14.4%的人选择。这两个比例都远高于这两类车型在市场中的销量占比。比较意外的是，有受访者还在评论中提及没有诞生的华为汽车。

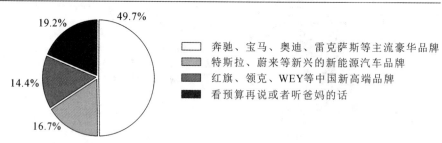

图1-38 "00后"更青睐哪个高端品牌

从调查结果来看，"Z世代"的年轻人或者准确地说以"00后"为代表的新消费者在汽车消费上，与我们想象的有所差别，但同1985—1995年代的消费者仍有诸多相似的地方。中国的地域跨度很大，收入差别也很大，这意味着下一代人的需求也会多元化。

【思考练习】

1. 从需求角度分析中国汽车不同的市场类型。
2. 汽车市场营销的宏观和微观环境主要有哪些因素？
3. 企业如何制定竞争策略？
4. 简述我国汽车消费市场的主要特点。

项目2
汽车微博营销

【学习目标】

1. 能够理解微博营销的目的和优势；
2. 能够分析微博营销的案例；
3. 能够掌握微博营销的具体方法和技巧。

【技能要求】

1. 能够独立开通一个汽车相关微博账号；
2. 能够根据相关要求对微博营销图文进行设计；
3. 能够采用微博运营的方法实现涨粉。

【案例导入】

在新能源微型车的细分赛道上，宏光MINI EV作为"数据爆款"一直处于领跑地位。但如何继续让车型深入人心，使用户对MINI EV马卡龙版的外观颜色建立高度认知，从而将"数据爆款"打造为"心智爆款"？

如今年轻化的沟通，不再是以往"品牌说，受众听"这种以品牌为中心的方式，更多的是以年轻人熟悉的场景或喜欢的"idol"（偶像）为突破口，让参与者感到情感或心理距离上的接近，进而带动品牌与大众建立更有层次感的感知链接。

五菱宏光MINI EV马卡龙通过微博"小蛮腰种草模型"，打造明星、圈层"花式种草"矩阵。五菱宏光MINI EV马卡龙将明星作为头部引爆话题的关键点，并携手微博时尚频道打造春季热门场景。马伯骞曾在2021年2月就为五菱新春礼盒进行推广，凭借其"耿直"的性格、阳光的形象，深受粉丝喜爱。同时他也是"女性车型兴趣用户共同互动账号TOP1"。任敏则是有口皆碑的"95小花"，颜值与实力并存，引领时尚潮流，与五菱宏光MINI EV气质相当匹配。马伯骞和任敏二人作为"95后"新生代偶像（idol），青春、时尚、潮流的特质，与五菱宏光MINI EV时尚属性高度契合。二人同框，将明星特质转化为车型印象清新"种草"，带动五菱宏光MINI EV马卡龙打造流行化趋势，如图2-1所示。

2021年4月8日，五菱汽车官方在"@五菱汽车 带#春季出街必备好物#"话题中宣布2021宏光MINI EV马卡龙上市，超级粉丝通助力视频精准触达更多目标

图 2-1 五菱宏光微博界面

人群。4月10日,马伯骞、任敏两位明星成为首波"种草官"带领出街,发布代言商业电视广告(TVC),用户点击广告页面可以直接跳转五菱官方电商商城,9.9元预定明星同款车。"明星大玩具＋极致定价术"瞬间激发了粉丝参与的积极性,迅速在社交平台产生裂变效应。粉丝自发跟风传播,"求同款兜风""简直长在我的审美上""击中我的少女心"等评论被刷屏,粉丝自发和明星一起开启春日时尚之旅。同时,明星时尚的特性也被充分放大,粉丝互动中"时尚"一词出现最为频繁,将宏光 MINI EV 马卡龙与"时尚"深度捆绑,完成了一层又一层的影响力叠加。

基于社交媒体、热点舆论场、自媒体内容创作场三重生态,新浪微博平台是一个天然的流量场,也是品牌做营销、"种草"最好的领域之一。此次五菱携手新浪微博在短时间内实现了一个多圈层的精准"种草"传播,将颜色和车型深度绑定,强化宏光 MINI EV 马卡龙年轻、时尚的特性,同时沉淀大量社交资产,成为"种草"的一个典型案例。

学习任务 1　建立汽车微博账号

【工作任务】

1. 任务分析

微博营销与运营是当今最主流的新媒体营销与运营方式之一,微博营销注重价值的传递、内容的互动、系统的布局和准确的定位,是在粉丝基础上进行的营销。对于营销者而言,微博上的每一个活跃粉丝都是潜在的营销对象。企业用户可以通过微博向粉丝传播品牌信息、产品信息,树立良好的企业形象,提高品牌影响力。个人用户也可以通过微博建立自己的粉丝圈子,打造个人品牌,开展各种营销活动。

2. 实践操作

(1) 开通一个微博账号。

(2) 在开通的微博账号上进行内容发布。

(3) 通过转发、话题发布等方式增加粉丝量。

【理论知识】

1. 微博营销的定义

微博即微博客(micro-blog)的简称,是一个基于用户关系的信息分享、传播及获取平台,用户可以通过 Web、WAP 及各种客户端组建个人社区并更新信息,实现即时分享。最早也是最著名的微博是美国的 Twitter(现更名为 X),根据相关公开数据,Twitter 如今已有超过 5 亿注册用户。2009 年 8 月,中国最大的门户网站新浪网推出"新浪微博"内测版,成为门户网站中第一家提供微博服务的网站,微博正式进入中文上网主流人群视野。通过微博平台为品牌、商家、个人等创造价值的营销方式,是指商家或个人通过微博平台发现并满足用户的各类需求的商业行为方式。新浪微博目前已注册用户超过 6 亿,微博营销因其传播速度快、关注度高、时效性强、易吸收潜在客户的特点受到企业和个人的广泛应用。

2. 微博的类型

根据运营微博账号主体的不同,可以把微博分为三类:个人微博、企业微博、行业资讯微博。

1) 个人微博

个人微博是微博中最大的组成部分,用户数量最多,包括明星、专家、大众用户等,图 2-2 所示为知名个人微博。个人微博不仅是个人用户日常表达自我的场所,也是个人或团队营销的主要阵地。一般来说,个人微博营销基于个人本身的知名度,通过发布有价值的信息吸引关注和粉丝来扩大个人的影响,从而达到营销效果。其中,部分企业高管、名人的微博通常还会配合企业或团队微博形成影响链条,扩大企业和品牌的影响力。

图 2-2 网络红人微博

2) 企业微博

企业微博是企业的官方微博,很多企业都创建了自己的官方微博,通过积累产品或品牌的粉丝进行宣传推广,提升企业的知名度,为最终的产品销售服务。受微博信息发布机制所限,企业不能仅依靠微博向用户进行详细的推广宣传,而是应该策划适合微博营销的宣传手段,结合微博的特点,建立和维护自己固定的消费群体,多与粉丝进行交流互动,达到宣传企业、提高品牌影响力的目的。图 2-3 为企业官方微博。

3) 行业资讯微博

行业资讯微博以发布行业资讯为主要内容,吸引众多用户关注。微博内容成为营

图 2-3 企业官方微博

销的载体,订阅的用户数决定行业资讯微博的网络营销价值,为扩大影响力,行业资讯微博通常需要在内容和传播方面去策划和下工夫。行业资讯微博如图 2-4 所示。

 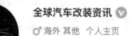

图 2-4 行业资讯微博

3. 微博营销的特点

1) 从成本上而言,发布的门槛低

微博营销成本远小于广告营销,效果却不差,远比其他广告营销实惠经济;受众广泛,前期一次规划投入,后期维护成本低廉。只需要编写好文案,通过微博小秘书审查即可发布微博,从而节约了大量的时间和成本。

2) 从覆盖面上而言,传播效果好,速度快,覆盖广

微博信息支持各种平台,包括手机、电脑与其他传统媒体;传播转发非常方便,传播量可呈几何级放大。微博最显著特征之一就是传播迅速。一条微博在触发微博引爆点后,短时间内通过互动性转发就可以抵达微博世界的很多个角落甚至每一个角落,达到爆炸式传播效果。

3) 从效果上而言,互动性强

能与粉丝即时沟通,及时获得用户反馈;针对性强,后期维护及获取反馈信息方便。微博营销是投资少、见效快的一种新型的网络营销模式,通过该营销方式可以在短期内获得较大的收益。

4) 从手段使用上而言,多样化,人性化

从技术上,微博营销具有图文、视频等多种展现形式;从人性化角度上,企业品牌的微博可以将自己拟人化,更具亲和力。

5) 从包容度而言,具有开放性

微博上几乎什么话题都可以进行探讨,微博可以最大化地开放给客户。在微博,政府可以和民众一起探讨,明星可以和粉丝们互动,为用户提供了拉近距离的机会。

6）从技术层面而言，浏览页面佳

微博营销可以借助许多先进多媒体技术手段，从多维角度和多种展现形式对产品进行描述，从而使潜在消费者更形象直观地接受信息。

4. 微博营销的作用

1）使公司形象拟人化，提高亲和力

企业的公众形象决定了用户的黏性与好感度，也会影响到企业的品牌与口碑。企业如果能将其形象拟人化，将极大提升亲和力，拉近与用户的关系。而通过微博，很容易实现这一效果。例如，微博刚火时，广东省肇庆市公安局尝试开通了中国第一个公安微博，此举在社会上引起了巨大的反响。广东肇庆通过公安微博，极大地改变了公安部门在老百姓心目中高不可攀的形象，拉近了警民之间的距离。人们发现，原来公安干警并不是那么神秘与冰冷，也有可爱温情的一面。目前多个行业都采用微博来进行公众形象的维护。如图2-5所示，安徽消防采用卡通头像，同时与网友进行互动抽奖。

图2-5　安徽消防微博

2）拉近与用户之间的距离，获得反馈与建议

所谓得民心者得天下，做公司、做产品同样如此。通过微博这个平台，企业可以更好地拉近与用户之间的距离，更直接地获得用户的反馈与建议。

3）对产品与品牌进行监控

公关人员的基本功课之一就是对公司的产品与品牌进行舆论监控，及时发现问题，解决问题。而有了微博后，可以通过这个平台更好地完成这一工作。比如可以直接通过在微博平台搜索内容的方式来了解客户在谈论哪些与产品有关的话题，对产品是否认可。

4）引发或辅助其他营销手段

随着微博的普及与深入人心，其作用也越来越凸显，如通过微博进行事件营销、病毒营销、网络公关等，效果非常不错。新浪刚推出微博时，就有人通过它成功地进行了事件营销。

微博营销的作用远不止以上几种，还有更多的功能有待挖掘与开发。

如图 2-6 和图 2-7 所示，很多汽车公司也利用微博进行互动与营销。

比亚迪汽车
9-13 21:33 来自 微博抽奖平台
恭喜@哈哈乐的木子 等5名用户获得【汪顺签名照一张】。微博官方唯一抽奖工具@微博抽奖平台 对本次抽奖进行监督，结果公正有效。公示链接：🔗网页链接

@比亚迪汽车
是运动，更是型动！见证#海豹运动大使#@汪顺Steve 型格豹发！关注@比亚迪汽车，带 #海豹运动大使汪顺# 话题，评论并转发本条微博，秀出你的运动态度，9月12日将随机抽取5位粉丝，各送出【汪顺签名照一张】哦~ 🔗抽奖详情

9-6 14:30　　　　　　　　　　　　　📤 102　💬 137　👍 159

图 2-6　比亚迪汽车微博

长城汽车
9-7 14:06 来自 微博视频号 已编辑
#中秋节# 将至，也许你今年可以归家团聚，也许你仍在远方追寻梦想，但只要心系家的方向，多远的爱，都能够抵达~在这个月满人团圆的时刻，我们准备了8份【长城汽车专属定制版中秋限量礼盒】，关注@长城汽车，并在评论区留下你对家人的中秋祝福，9月8日10:00，我们将通过@微博抽奖平台 送出哦~#陪你过中秋#
温馨提示：中奖用户请在9月8日16:00前私信后台提供信息，逾期将视为自动放弃哦~
📹长城汽车的微博视频 🔗抽奖详情 收起

图 2-7　长城汽车结合中秋节发布互动微博

【实践知识】

1. 微博方向定位

微博营销的核心是互动,微博定位如同网站定位一样,需要想清楚企业微博要扮演什么角色,要向目标人群传达什么样的内容,因此,微博定位相当重要。换句话说,微博定位就是企业进行微博营销的策略,而微博发布内容都是围绕微博定位来展开的。

1)个人微博定位

(1)擅长的领域。

微博定位最好以自己的兴趣和特长为中心,选择自己感兴趣和擅长的领域。例如,对美食感兴趣可以定位为健康与美食领域的微博;对护肤、化妆感兴趣可以定位为护肤与美妆领域的微博;对电子商务感兴趣则可以定位为电商微博。总之,在明确了个人兴趣和特长之后,微博定位就能够以此为中心展开了。以汽车营销推广为目的的个人微博初期打造时也应关注账号与个人的适配度。

(2)明确使用微博的目的。

企业用微博就是为了推广品牌和联系客户,明星用微博就是为了促进自己和粉丝之间的互动;微商人员则是为了推销产品。不同的人使用微博的目的不一样,所以,一定要清楚运营微博的目的。目前微博的作用主要有娱乐、学习、资讯获取、企业宣传、产品推广、微电商创业、个人品牌宣传、微博自媒体、知识分享等。明确使用微博的目的是正常运营微博的前提。

(3)让自己的微博个性化。

微博运营想要脱颖而出就一定要有特色,有个性。微博的特色就是运营者个性的体现。每一种个性都会给粉丝不同的感觉,体现自己独特的个性。一般来说,专业的微博账号要坚持 2/8 原则,80% 是关于账号的专业内容,20% 是关于非专业的内容。例如图 2-8 中的"虎哥说车"微博账号。

图 2-8 "虎哥说车"微博账号

2)企业微博定位

企业微博营销是一个长周期的流量监控的过程,需要合理利用微博的各种有效工具去完成目标计划,比如:获得一定量的微博粉丝关注,提升品牌影响力,有针对性地对某一个产品进行持续的流量获取。但无论是怎么样的需求,在进行企业微博运营的过程中,都需要有一个明确的定位。因此,企业微博可以采用多种微博形式。

(1) 官方微博。

企业的微博必须是官方的,传播的内容也必须是官方的,内容较为正式,可以在第一时间发布企业最新动态,对外展示企业品牌形象,成为一个低成本的企业自媒体。这也是目前大多数企业微博最主要的存在形式。

(2) 企业领袖微博。

领袖微博是企业高管以个人名义注册、具有个性化的微博,其最终目标是成为所在行业的"意见领袖",影响目标用户的观念,在整个行业中形成一定号召力。如图2-9所示,大众为在中国市场形成更好的公关关系,其汽车CEO(首席执行官)赫伯特迪斯开通了个人微博账号,这也是他首次开通中国市场的个人社交媒体账号,与中国消费者近距离接触;再例如雷军常常在个人微博账号中介绍小米产品和企业发展愿景等,吸引了一批忠实粉丝。

图 2-9 企业领袖微博

(3) 客服微博。

客服微博与企业的客户进行实时沟通互动和深度交流,在互动中为客户提供产品服务,缩短了企业对客户需求的响应时间,这样也可以大大提升用户对此类微博的关注度。比如一些汽车品牌的客服微博,就有非常丰富的服务内容,如图2-10所示。

图 2-10 长安汽车客服微博与哪吒汽车客服微博

(4) 产品微博。

产品微博能实时监测和预警危机,在出现负面信息后能快速处理,及时发现消费者对企业和产品的不满并在短时间内快速应对。企业遇到危机事件后,可通过微博对负面信息进行及时的正面引导。

企业微博可以存在多种形式,在微博定位之前就要清楚地了解自己企业的情况。

2. 账号建立

1) 微博账号注册

以新浪微博为例,如果还没有新浪微博账号,则需按照以下步骤注册微博账号:在微博登录页面点击"立即注册"进入注册页面。

邮箱注册:输入常用邮箱地址,设置密码、昵称,填写相应个人资料即可。注册微博后需要激活操作:点击顶部黄签的"立即激活"进入注册邮箱,点击邮箱中的激活链接即可。如果未收到激活链接或链接已过期,则可点击"重新发送确认邮件"获取链接进行激活,超过30天未激活邮箱的用户无法正常使用微博。

手机注册:输入手机号码,设置密码、昵称,填写个人资料后,填写的手机号码会接收到验证码,输入验证码后即可注册成功。

企业用户持有营业执照及企业公章(财务章、合同章等无效)可直接申请企业注册并需通过全国组织机构统一社会信用代码数据服务中心认证,企业官方微博名与营业执照上企业名不一致时需提供相关补充证明材料。

2) 微博平台装修

(1) 微博名称。

个人微博名称是指微博的昵称,一般要求遵循简洁个性、拼写方便、避免重复的原则。简洁个性的昵称更方便粉丝记忆,也容易给粉丝留下好的印象,一些拥有一定影响力的个人或企业品牌的微博昵称可以设置为系列名称,与其他平台的昵称保持一致。拼写方便是为了方便粉丝搜索,特别是从其他平台被引流过来的粉丝,他们很多都是通过直接搜索的方式关注微博的,如果昵称拼写复杂,很容易使粉丝难以搜索继而放弃关注。避免重复是为了区别于其他微博,微博昵称虽然是独一无二的,但是相似昵称非常多,要尽量避免与其他微博昵称高度重合,特别是推广产品或品牌的微博。

需要注意的是,微博昵称普通用户1年可以修改1次,会员依据等级有不同的修改次数,确定昵称后不可频繁修改,以避免粉丝流失。如果自己没有想法或想要一些有创意的昵称,则可以通过微博的抢昵称活动来获取。这些昵称优先对微博会员开放,需要成为微博会员才能参与抢昵称活动。同时,还要注意成功抢占其他昵称后,原有微博的昵称可能会被其他用户抢占而无法找回,建议用户谨慎操作。

一个好的企业微博昵称是企业开始微博营销的第一步。企业微博昵称应与企业有相关性,且不能仅为通用性词语(例如不可以用"@中国");新浪微博的昵称是唯一的,不可重名。昵称不要太长,不然在手机端会显示不全。企业蓝V认证用户改名,需要发私信@企业认证服务进行申请。

(2) 微博头像。

企业微博头像是企业的脸面,可以尝试使用清晰的企业标识(logo)、企业形象代言人、吉祥物等作为头像。需要注意的是,头像的选择应该与微博类型一致,如果微博的内容比较生活化、情感化,则可以选择一些知性的个人照片;如果微博的内容偏向娱乐化,则可以选择比较个性有趣的图片或卡通形象;如果微博的内容比较专业化,则头像最好选择比较正式的照片、logo 或具有表达性的角色形象。

（3）微博简介。

好的简介是微博营销成功的一半，应尽量使用简练的文字说明微博的主题，让粉丝知道关注微博的好处在哪里，能够获取什么样的内容，如图 2-11 所示。

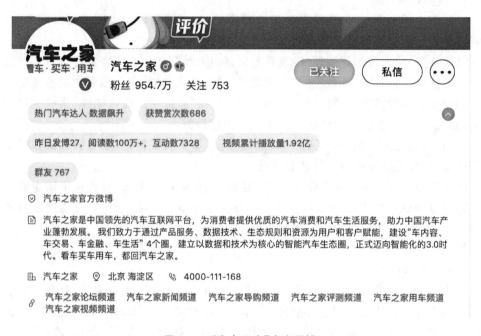

图 2-11 "汽车之家"官方微博

（4）添加微博标签。

标签是对微博账号所擅长和关注领域的一个缩略，其不仅可以让用户更好地了解该微博，还能让用户在搜索时匹配到对应的标签，获得更多的曝光量，便于目标用户关注。个人微博用户可以在编辑个人信息时添加标签信息，以便对自己的个性、特长、爱好等进行展示，从而吸引具有相同兴趣爱好的用户群体；企业微博标签所对应的内容为"行业类别"，可以设置为描述企业所在行业、领域、企业经营的产品和服务等的关键词，以便获得具有品牌认同感的更多潜在用户。

① 标签词汇定期调整。企业应该多准备几组标签词汇，并根据用户的搜索习惯来定期调整。此外，应将用户搜索使用量最高的词汇作为标签词汇。

② 定期更换标签词汇。标签词汇可定期更换，遇到节假日还可以将节假日关键词加入标签。比如，遇到国庆节就把"国庆""十一"加入标签，方便用户搜索。

③ 合理调整标签顺序。对标签词汇进行合理排序也是营销的重要学问，用户在写标签词时前面的六组词可用四个字的词语来写，按顺序来排。

④ 标签可尽量用四字词语，这样不仅可以包含更多词组，用户在搜索时还可以自动匹配关键词。

（5）设置个性域名。

个人和企业可以通过设置个性域名引导粉丝进入其域名，实现页面流量和转化率的提升。个人微博个性域名一般与昵称保持一致,比如昵称为"小贝",则个性域名可以设置为"https://weibo.com/xiaobei",以方便粉丝直接通过域名进入微博;对于企业微博来说,设置一个与微博名称或公司官网相匹配的个性域名,可以方便用户记忆微博地址,提高微博的辨识度。个性域名目前只能使用数字和字母的组合,而且一旦设置成功就无法注销。

3. 微博认证

微博账号通过认证能够提升信用度,增强用户对账号的信心,提升账号在用户心中的好感度。微博认证包括个人认证和机构认证,在微博首页点击"设置"按钮,在打开的界面中选择需要认证的类型即可。

1) 个人认证

个人认证用户可以基于身份构建个人平台个性化模块,更加多元化地进行自我展示,同时个人认证账号在搜索页面中会被推荐,因此,个人认证能够增加个人微博的曝光度以吸引粉丝,提高知名度。微博认证的方式有五种:身份认证、兴趣认证、超话认证、金V认证、视频认证、文章/问答认证,如图2-12所示。

图 2-12 个人认证界面

(1) 身份认证。

申请身份认证的个人微博用户需要满足的条件如图2-13所示。身份认证主要有在职认证、职业资格认证、作品和获奖成就认证三种认证方式,申请人可以选择自己所具备的一项进行认证。

(2) 兴趣认证。

持续发布同一领域的博文内容才能获得兴趣认证的权限,且需满足图2-14所示的

图 2-13 个人认证需满足的条件

图 2-14 兴趣认证需满足的条件

条件。兴趣认证目前支持以下领域：互联网、科学科普、历史、军事、数码、萌宠、星座命理、搞笑幽默、情感、健康养生、音乐、电视剧、综艺、电影、摄影、运动健身、体育、美食、旅游、汽车、设计美学、美妆、时尚、动漫、游戏、母婴育儿、娱乐、文玩收藏等。

（3）自媒体认证。

为了更好地帮助和激励微博自媒体用户，微博设置了自媒体认证，它要求申请认证的微博用户有在某固定领域持续贡献的内容，并且达到一定的数据要求。其中固定领域是指用户所发布的头条文章或视频内容的归属领域，应该与用户申请认证自媒体所选择的领域相同，并保持一定的内容发布频率。同时，头条文章或视频微博的内容要达到以下标准。

① 头条文章：发布的头条文章数量不得少于 20 篇。

② 视频微博：发布视频微博的数量不得少于 20 条，且视频中不能包含色情、血腥、暴力等内容。若微博用户发布的视频内容原创度较高，则会获得微博官方的资源扶持，就更容易认证成功。

（4）V 认证。

黄 V 是微博上一些个人认证的自媒体账号，如图 2-15 所示。黄 V 支持娱乐、体育、传媒、财经、科技、文学出版、政府官员、人文艺术、游戏、军事航空、动漫、旅游、时尚等领域知名人士的认证申请。黄 V 认证用户具有微博认证标识、Page 特权、粉丝服务站、官方推荐等特权。其账号诚信度相比普通用户高，在内容发布和展示上占据优势，更容易吸引粉丝，可以申请入驻新浪微博的名人堂。

金 V 是黄 V 的升级版本，同样属于个人账号，支持认证的领域与黄 V 相同，如图 2-16 所示。但是认证金 V 需要满足 30 天阅读量大于 1000 万、粉丝数大于 1 万的条件。

认证金 V 前，必须先认证黄 V。成为金 V 之后用户拥有专属标识、专属客服、专属推荐、专属权益等。金 V 账号拥有者为运营较为成功的自媒体或者个人工作室。这些账号通常被称为"网络大 V"。

图 2-15　黄 V 认证

图 2-16　金 V 认证

（5）超话认证。

申请超话认证需要满足下面三项条件中的一项。

① 金 V 或微博百万阅读量用户。

② 为相关贴吧吧主或兴趣部落酋长。

③ 所申请超话内通过上个月考核的小主持人（签到 20 天）或超话内活跃粉丝，满足在超话内发帖超过 10 篇、完成身份验证、绑定手机号的条件。该超话的相关活跃用户，或者具有网络社区管理经验的用户，申请超话认证成功后可优先成为主持人。

2）机构认证

机构认证也称蓝 V 认证，如图 2-17 所示，认证成功的微博昵称后会有一个蓝色的 V 图标。能够申请机构认证的有政府、媒体、校园、企业、网站等官方账号，这里以企业认证为例进行介绍。

① 申请企业认证的微博需要具备一定的条件。

② 微博头像应为企业商标/标识或品牌 logo。

③ 微博昵称应为企业/品牌的全称或无歧义简称，若昵称为代理品牌，则需要体现代理区域。

图 2-17　蓝 V 认证

④ 微博昵称不能仅包含一个通用性描述词语，且不可使用过度修饰性词语。

⑤ 企业提供完成有效年检的《企业法人营业执照》《个体工商户营业执照》等资料。

⑥ 微博昵称与营业执照登记名称不一致时需提供相关补充材料，如《商标注册证》《代理授权书》等。

符合条件的微博申请企业认证时应准备好营业执照副本（已通过最新年检的营业执照副本，并将此副本拍摄成清晰的彩色照片）、加盖红色公司公章的企业认证公函，公函内容手抄打印后拍摄成清晰的彩色照片，并提交其他补充材料，如图 2-18 所示。

【巩固训练】

根据所介绍的相关知识，完成表 2-1 所示实训任务。

机构认证

企业认证 >	机构认证 >	政府认证 >	媒体认证 >
营利性组织、企业、个体工商户等	粉丝团工作室、影视综官微、游戏体育赛事、出版社、文化公司等机构	广电、市政、税务单位等	电视电台、报纸杂志、媒体网站、垂直网站等
校园认证 >	公益认证 >		
学校、校友会等	扶贫、支教、扶孤助残等		

图 2-18 机构认证的界面

表 2-1 实训任务

序号	任务描述	任务要求
1	对比个人微博与企业微博的不同	列举典型的个人微博和企业微博的运营方式并进行分析
2	对个人微博与企业微博进行设置	要求设置微博昵称、头像、简介、签名等,并查看是否符合认证条件

【相关链接】

"双微一抖"占据第一流量阵营

根据市场公开资料,微播易整理主流社交媒体平台的月活数据发现,从存量角度看,超 12 亿人都在用的国民社交 App 微信成为社交赛道第一名,其次是抖音(月活 7 亿)、微博(月活 5.73 亿)、快手(月活 5.78 亿),这三个社媒平台在用户活跃度上处于绝对优势地位,B 站、小红书、知乎这三个相对"小而美"的内容社区平台近几年则从不同圈层用户入手,向外扩展,共同撑起社媒平台的第三流量阵营,如图 2-19 所示。

【思考练习】

你印象深刻的微博账号有哪些?请分析这些账号的特点,想一想它们在哪些地方比较有吸引力?

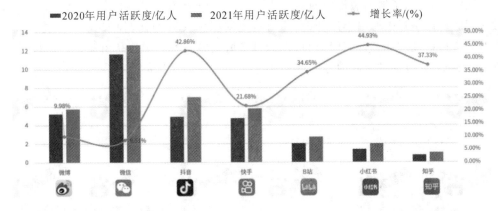

图 2-19 各平台月活用户规模及增长情况

学习任务 2　汽车微博账号运营

【工作任务】

1. 任务分析

汽车微博账号运营主要包括微博内容日常发布和更新,跟粉丝展开持续有效互动,及时统计分析粉丝反馈内容,根据反馈有效意见进行调整和修改,定期组织线上线下微博活动,有效宣传企业和产品,助力产品营销过程。

2. 实践操作

(1) 能够结合宣传点撰写恰当的微博。
(2) 能够借助热门话题制造热度,借势提升内容扩散速度。
(3) 通过微博设计增加转发量。
(4) 能够打造微博营销阵营。

【理论知识】

微博的核心是内容,同传统博客一样,内容的定位与质量决定了用户群的类型与规模。由实践经验可以得出,当在微博中发布用户喜欢的优质内容时,转发量就会增加,吸引的粉丝也会增多。微博发布一共有五种方式。

1. 短微博发布

短微博内容可以直接在微博首页文字输入框中输入和发布。短微博的信息发布一般比较随意,没有严格的内容和形式要求,但是要使微博信息得到关注和传播,还需要进行有针对性的设计。总体而言,有价值的、发人深省的、容易让人产生认同感的、有趣的、有创意的、真实的内容更受用户欢迎,也更容易获得评论和转发。

除此之外,为了增强短微博的阅读感,可以为微博搭配合适的图片,如图 2-20 所示。微博配图可以是对微博内容的补充,也可以是对微博文案的强调和说明。微博配图与微博内容最好能够相匹配,让用户可以通过微博内容和微博图片品出深意,给用户带来不一样的感觉,以促进微博内容的转发和讨论。

图 2-20　五菱汽车和吉利汽车微博的趣味配图

当然,微博图片并非只为微博文案服务,很多时候图片才是微博的主体。很多短微博都主要依靠有趣、好看的图片吸引粉丝。与文字相比,图片的表现能力更强,可以带给粉丝良好的视觉体验,可以是景物式配图,也可以是文案式配图,如图 2-21 所示。文案式配图大多数只包含关键文案,句子简短精练,或具有创意,或轻松诙谐,非常方便粉丝快速阅读,相比文字更容易引起广泛的传播。

图 2-21　奔驰微博的景物式配图和奇瑞微博的文案式配图

2. 长微博设计（头条文章）

当需要表达的内容无法通过简短的语言、精炼的图片表述清楚时，就需要使用长微博。长微博即头条文章，它是微博的一个长文产品。长微博不同于短文字或图片，通常需要用户花费更多的时间和精力去阅读，而支持读者坚持阅读下去的动力，就是长微博的内容价值。微博营销需要提前确定目标人群，为目标人群提供信息服务，所以必须针对目标人群的特点和喜好进行长微博选题和写作，这样才能激发读者阅读和讨论的热情，从而获得良好的营销效果。长微博包含了封面图、标题、正文内容等元素，如图2-22所示。

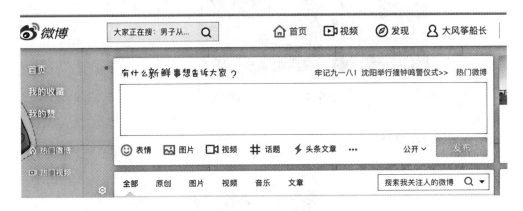

图 2-22　长微博界面

1）封面图

在新媒体的各种渠道中发布文章时通常都需要配上相应的封面图，以占据视觉空间，将用户的视线快速聚集到图片上，吸引用户查看图片或下方的文章标题，以提高文章的点击率和阅读量。新媒体封面图主要有两种表现形式，一是直接使用图片作为封面图，二是将添加了文字以突出文章主题的图片作为封面图。下面对封面图的制作要点进行介绍。

在微博头条文章的编辑页面可看到封面图的像素尺寸为1000×562，信息安全区像素尺寸为1000×400，可上传大小不超过 20 MB，格式为 JPG、GIF 和 PNG 的图片。在微博客户端中登录微博账号，点击底部中间的按钮，在打开的页面中滑动到第 2 屏，点击"头条文章"选项，即可在打开的页面中上传封面图。

根据各平台封面图片的要求，可使用各种工具软件，如 Photoshop、美图秀秀、PPT 等进行封面图的制作。但使用工具软件制作封面图一般会花费大量的时间，这里介绍一种更加方便快捷的方法，即根据在线平面设计工具（如 Fotor、创客贴等）中已有的模板快速制作封面图，图2-23 和图2-24 所示分别为 Fotor、创客贴的网站首页。

2）标题

优秀的文章标题都有一些共同的特性和写作模式，掌握这些特性和写作模式可以帮助运营人员快速打造出具有吸引力的标题，以提高标题的点击率。这些标题的写作模式在各种新媒体运营平台如微博、微信、今日头条等中都是通用的。

图 2-23　Fotor 网站首页

图 2-24　创客贴网站首页

(1) 直言式标题。

直言式标题就是直接点明文章宣传意图的标题,这种标题常开门见山,直接告诉用户可获得哪些利益或服务,让用户一看标题就知道文章的主题是什么。某些折扣促销活动文案、产品上新文案等就常用这种标题。如"双十一惊爆全场 1 折起""每天 7 分钟教你更好地投资自己"等标题就是比较典型的直言式标题。

(2)提问式标题。

提问式标题即用提问的方式来引起用户的注意,引导他们思考问题并产生阅读全文、一探究竟的想法,如图 2-25 所示。在使用提问式标题时,要从用户关心的利益点出发,这样才能引起他们的兴趣,否则标题就不能达到引起用户注意的目的。提问式标题的"提问"有多种方法,如反问、设问、疑问或明知故问等都是常用的提问方法。"如何有效挖掘用户的心理需求"等都是典型的提问式标题。

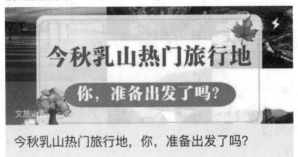

图 2-25　提问式标题

(3)警告式标题。

警告式标题通过一种严肃、警示、震慑的语气说明内容,以起到提醒、警告的作用,常用于进行事物的特征、功能、作用等属性的内容写作,如图 2-26 所示。对具有相同症状或心里有某种担忧的用户来说,警告式标题可以给予他们强烈的心理暗示,引起他们内心的共鸣。需要注意的是,警告式标题可以有一定程度夸张,但不能扭曲事实,要在陈述某一事实的基础上,以发人深省的内容、严肃深沉的语言给用户以暗示,使用户产生一种危机感,进而忍不住点击标题。警告式标题有几种常用的表达形式,包括"惊叹词+主语+意外词+结论""千万不要+事情""你不可能+事情"等,如"千万不要再这样吃香椿啦""你不可能只靠它就变成千万富翁""防不胜防!细数我们网购那些雷点"等。

(4)励志式标题。

励志式标题是指从自身或他人的角度出发,以现身说法的方式告诉用户怎样才能达到某种效果。当然,借鉴的人或事需要有一定的激励性与可行性,最好是成功人士的创业故事、经验分享或其他具有激励性质的故事。这种类型的标题可以使用"××是如何使我××""我是如何××的"等方式进行写作。

(5)指导式标题。

指导式标题用于针对某一具体问题提供解决建议和方法。这种标题常使用"怎样""更""解决"等词语凸显问题,以吸引具有相同疑惑的用户的注意力。如"一招让你的爱车更省油"等是典型的指导式标题。

图 2-26 警告式标题

(6) 命令式标题。

命令式标题的第一个词都是明确的动词,具有祈使的意味,可以让用户感觉到重要性和必要性,从而吸引注意力。"让你爱车的性能如虎添翼""收藏并转发到朋友圈,可获得××"就是典型的命令式标题。

(7) 证明式标题。

证明式标题就是以见证人的身份阐述商品或品牌的好处,增强用户的信任感,既可是自证,也可是他证。这类标题常使用口述的形式来传递信息,语言自然通俗。如"亲测!这可能是我开过最有驾驶感的车"就是典型的证明式标题。

(8) 导向式标题。

一些文章的正文常用明确清晰的思路直列特点,这种写作方法既简单又有效,可以通过展示明确的目标来写标题,可以使用"为什么""6 大技巧""7 大理由"等字眼来突出产品的重要性,如"你应该加入汽车 e 族社群的 7 大理由"等。

(9) 推新式标题。

推新式标题重在体现新消息,较为直白地给用户传递新的产品信息。这种标题可以用在新商品的问世、旧商品的改良和旧商品的新应用等方面,如"GLS 迈巴赫闪亮登场"。

3)正文

用户点击文章标题后,即可打开文章查看具体的内容。如果文章内容对用户没有吸引力,则不能将营销信息推广给用户,也不能让用户成为自己的忠实读者,从而失去花费大量精力吸引而来的流量,造成资源的浪费。要想在竞争激烈的新媒体时代获得更多的阅读量和忠实粉丝,运营人员进行新媒体内容正文写作前要注意以下问题。

(1) 选择合适的语言风格。

写作正文前要根据运营者所处行业营销的内容、微博的定位等选择合适的语言风格,以进行自身风格的定位,给用户留下良好的阅读体验,从而带来持续不断的粉丝。

(2) 要点与用户需求相关。

正文的内容一般较多,为了方便用户阅读内容信息,并将其后的营销信息传递给用户,就需要具有影响力的内容、要点。这个要点一定是与用户切身利益相关的营销信息,这样才能既抓住用户的需求,又达到营销的目的。

（3）合理植入广告。

写作文章的目的是给企业的产品或服务做广告,扩大企业的知名度,但如果文章中涉及太多的企业产品或服务信息,则会让用户产生反感情绪,这样反而不利于营销推广。怎么实现广告信息的合理植入呢?运营人员可先确定正文的写作方向,然后按照正常的文章来写,写完后再回过头来读一读文章,看看如何才能不留痕迹地将广告信息植入进去。怎样才能让用户潜移默化地接受所推广的产品?故事引导、舆论热点、段子等都是常用的植入方式,如图2-27所示。

图2-27 汽车播报家推广领克车型

（4）原创声明。

原创是内容创作非常重要的一项要求,原创度高的文章不仅能体现运营人员高超的写作水平,还可以防止其他人盗用或模仿自己的文章内容,在保护自己权益的同时也能够带来更多的忠实读者。

3. 话题发布

话题作为微博营销的一大利器在于其开放的讨论度,个人、企业用户都可以通过发布微博话题来引发更大范围内的讨论和转发,如果讨论人数很多,话题还可能升级为超级话题,产生更广泛的传播效果,最终实现品牌曝光和营销。发布话题的方法很简单,只需在微博首页单击"♯话题"按钮,在打开的下拉列表中选择"插入话题"选项,并在"♯在这里输入你想要说的话题♯"文本框中输入话题即可,如图2-28所示。

微博话题可以申请主持人,主持人对话题具有部分管理权限,可以对话题页进行编辑,更换话题头像,编辑话题简介,还可以发起关注和讨论,推荐优秀的话题微博,提高信息的传播度和影响力。如果话题运营得当,还可以打上明显的品牌标签或个人标签,形成微博特色,促进微博信息的推广。

话题的设计首先应该以微博定位为基础,尽量与微博的主要内容保持一致,比如沃

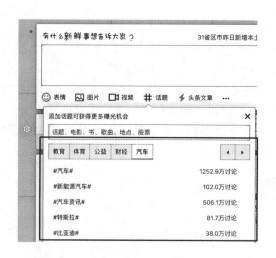

图 2-28 话题界面

尔沃的话题"沃尔沃 XC60"以及"十一假期打开方式",如图 2-29 所示,利用明星效应和时下热点,吸引关注度。另外,发布的话题内容要有吸引力,要能够引起用户的传播与讨论,让用户参与话题活动,用户带着话题转发、参与话题讨论可以提升话题的热度,使话题的覆盖范围更加广泛。在设置话题促进粉丝互动时,通常需要遵循几个基本原则:首先,话题最好与用户的生活相关度较高,足以引起用户的兴趣;其次,话题最好比较简单,便于用户快速回答;最后,话题不要与已有话题重复。

图 2-29 沃尔沃的话题"♯十一假期打开方式♯"发布

【实践知识】

1. 热门话题制造热度

除了自己发布话题引导粉丝转发讨论外,新媒体营销人员还可以借助已有的热门话题快速实现信息传播。利用话题不仅是利用微博的话题功能，同时也指利用有热度、有讨论度、容易激起粉丝表达欲望的信息，比如"说说你遇到过哪些又尴尬又好笑的事情""你用过哪些既经济又好用的东西""你认为哪些 Office 技能特别实用"等，这些都为容易引起粉丝讨论的微博话题。

热门话题本身具有非常庞大的阅读量与讨论量，粉丝更是时刻关注着话题的发展方向。在微博的热门话题榜中可以查看其他人发布的热门话题，点击话题名称进入话题即可查看具体内容，营销人员可以结合自己的产品或服务，写一段与话题相关性较高的内容并带上该话题，这样就可以使关注该话题的用户群体加入讨论与互动，增大营销信息的传播范围。如果互动效果较好，转发、评论与点赞数量较多，该话题则会获得话题主持人的推荐，并始终展示在话题首页，这样就可以增加自身微博账号的曝光度和营销内容的热度。如图 2-30 所示，"年龄带给你的是焦虑还是勇气"话题讨论度极高，百度文库借此话题发布"焦虑的不只是年龄、身材、容貌，甚至还有'续航焦虑'，量子技术能改变吗？"，进而引出新能源汽车续航的文章，如图 2-31 所示。

图 2-30　微博的焦虑话题

图 2-31　百度文库的焦虑话题

借助热门话题营销的关键是话题的选择,一个充满爆点的营销话题可以使个人和企业的营销效果事半功倍。一般来说,当下实时热点、热门微博、热门话题榜中的内容都比较适合作为话题营销的切入点。如果没有比较合适的热门话题,则可以围绕企业的主推关键词、营销活动或品牌创建话题,如"♯速度与激情8♯""♯机壳特工队♯"等就是直接以品牌名称或与品牌相关的热点来创建话题的。

加入话题后还要进行话题内容的维护,发动粉丝转发、评论话题内容,参与话题,提高话题的热度;也可以联合行业大V或网红转发自己发布的话题内容,利用人脉关系迅速引爆话题热度。

2. 借势提升内容扩散速度

借势营销是微博营销中非常重要的一个技巧,通过将营销的目的隐藏在借助的"势"中,潜移默化地引导市场消费,即通过顺势、造势、借势等方法提高企业或产品的知名度、美誉度,树立良好的品牌形象,并最终促成产品或服务销售。借势营销的范围比较广泛,其素材可以是网络流行、娱乐新闻、社会事件等,也可以是文化、节日等。一次成功的借势营销可以让企业花费最少的人力、物力成本,成功地将产品或品牌推进目标用户的视野中,甚至引起裂变式的病毒传播效应。如图2-32所示,一汽借助热门电视剧《底线》及主演靳东(红旗代言人)引发了一波流量,宝马借助易烊千玺新电影获得大量粉丝热评和转发。

图2-32 一汽和宝马借助明星发布微博吸引流量

通常来说,借势营销要快速引发热度和关注,借势名人或热门事件是最简单的途径。借势名人是指利用广受用户关注的名人,比如明星、政要、企业高管、网络红人,以及各行业、各领域的能人等来达成引人注意、强化事物、扩大影响的效果。除了借势名人之外,社会上一些关注度比较高、讨论度比较高的事件也是营销的天然素材。借势事件是很多品牌常用的营销手段,几乎每一次社会热门事件都能引发各大企业的营销热潮,越有创意的借势,越能为品牌带来不俗的营销效果。

借势营销的关键点有三个,一是把握时机,找准营销内容与借势事件的关联点,快速以此切入产品或品牌,进行关联营销。将事件的核心点、产品或品牌诉求点、用户关注点三者结合起来,让借助的"势"与产品或品牌所倡导的价值导向和文化相融合,得到用户的认可,引发用户的自主传播行为,为营销信息的广泛传播提供基础。二是打破用户的心理防线,让用户心理需求与认知和借势内容产生共鸣,给用户一个产生购买行为的理由,触发其购买。借势营销的一大优势就是人力、物力成本低廉,通过低成本的营销方式引导用户自发、自主、自愿产生购买行为,能够快速提升产品的整体销量,并优化企业品牌的形象。三是营销创意,在借势营销活动中避免与竞争对手同质化,打造自身产品或品牌的特色。

3. 利用@功能增加转发量

@功能是微博中用于互动的重要功能。营销人员通过@功能可以在营销内容中@大V、明星、媒体等具有影响力的微博账号增加营销内容的名气。大V、明星、媒体通过@功能转发消息后,能带来他们的粉丝与流量,达到快速宣传的目的。很多粉丝在发送与商家或企业相关内容的微博时也会主动@微博主,此时微博主可以挑选一些比较具有代表性、高质量的内容进行转发和回复,增加与粉丝之间的互动,同时进行企业品牌的宣传。如微博主"博物杂志"就经常通过@功能与粉丝进行互动,如图2-33所示。"博物杂志"作为一个科普性质的微博账号,通过回复粉丝@它的问题与粉丝进行互动,一方面解决了粉丝的疑问,展现了自己的专业知识;另一方面树立了个人形象,引发更多的粉丝提问并进行转发,增加了微博的名气与热度。微博主也可以对@自己的内容进行点赞或评论,这是另一种形式的粉丝互动与信息传播,通过这种方式可以吸引更多的粉丝到原博主的微博内容下面进行互动,从而形成一个良性的粉丝互动闭环,这样既表达了自己对粉丝发言的重视,又能够带动微博的热度,是一个一举两得的营销技巧。

图2-33 博物杂志账号与粉丝互动

4. 微博营销矩阵

不管是什么类型的微博营销,要想提高营销热度,引爆流量与销量,打造微博营销矩阵是必不可少的。微博营销矩阵包含根据产品、功能、品牌等不同的定位需求建立的子微博,其目的是通过不同的微博账号定位精准有效地全方面覆盖各个用户群体,以实现微博营销效果的最大化。

微博的功能非常强大,不仅可以进行即时营销,还能进行品牌宣传、粉丝管理、公关传播等,不同的微博定位所营销的内容不同,针对的目标用户群体就不同。使用同一个微博账号发送多个定位的内容,不免会使粉丝觉得微博不够专业,内容不够贴切,难以适应不同需求的用户。此时,建立微博矩阵就是一个比较有效的方法,特别是企业通常都不会只有一个微博账户,而是根据不同的需求,建立一个完整的微博营销矩阵进行联动运营。比如小米,微博营销矩阵包括公司 CEO 微博、高层管理人员微博、职能部门员工微博、公司品牌微博、产品品牌微博等在内的多个微博,它们同时对公司品牌和个人品牌进行营销打造,每个微博交叉关注,形成一个多维度的矩阵结构,从而实现推广范围和营销效果的最大化。图 2-34 所示为小米个人品牌和公司品牌的相关微博账户。

图 2-34 小米微博矩阵

除了小米之外,还有很多类似的企业微博营销矩阵,不同的行业在设计微博营销矩阵时会有不同的思路,如小米将个人品牌和企业品牌联合到一起,海尔则主要进行产品品牌之间的联合。运营人员应该根据实际情况和需求进行设计。常用的建设微博矩阵的方法有四种,分别是按品牌需求进行建设、按地域进行建设、按功能定位进行建设、按业务需求进行建设。

(1) 按品牌需求进行建设:大多数企业都有很多产品线,这些产品线所塑造的品牌不同,可以直接根据品牌建立微博矩阵,将品牌通过不同的微博账号链接起来,通过矩阵账号进行不同用户流量的相互引导,以避免用户流失。如可口可乐的品牌微博营销矩阵就有可口可乐、芬达 Fanta、可口可乐中国、美汁源饮料等,如图 2-35 所示。

(2) 按地域进行建设:对于银行、团购等地域因素比较明显的微博,可以根据地域建立微博矩阵,便于区域化管理,如图2-36所示。

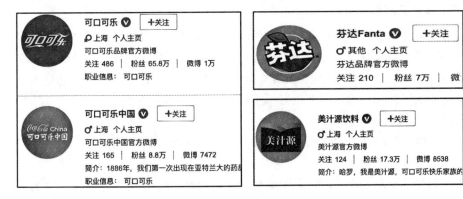

图 2-35 可口可乐品牌微博矩阵

图 2-36 地域微博矩阵

（3）按功能定位进行建设：根据微博账号功能的不同,可以建设不同的微博子账号形成微博矩阵,如淘宝官方微博根据功能建立了淘宝全球购、万能的淘宝、淘宝一千零一店等不同功能需求的子账号,如图2-37所示。

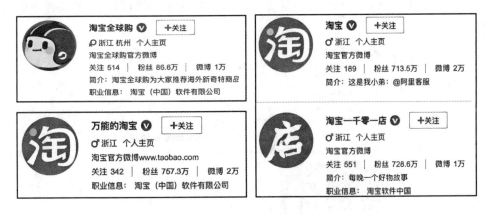

图 2-37 淘宝微博矩阵

（4）按业务需求进行建设：业务较多的企业可以直接根据业务需求建立微博矩阵。仍然以淘宝为例,除了按功能建立外,淘宝还为其主要产品建立了微博子账号,打造了覆盖面更加广泛的微博矩阵。

有些微博矩阵也可根据企业团队组成人员、不同职务领导等建立的子账号打造,如二只松鼠就充分结合了其品牌定位,由其创始团队成员以拟人化名称创建微博矩阵,其中"松鼠小美""松鼠小贱""松鼠小酷"是三只松鼠的形象代表。

5. 微博快速涨粉技巧

微博营销实际上就是粉丝营销,只有拥有粉丝,所发布的微博信息才能被更多人看到,才能引导更多人进行互动,扩大影响范围,取得实际的营销效果。粉丝的获取是一个长期的过程,特别是积累有质量的粉丝,通常需要微博主进行持续长久的运营。个人微博与企业微博在粉丝的获取上也有所不同,下面分别进行介绍。

1)个人微博的粉丝获取

个人微博粉丝的获取很大程度上依赖于网络上的社交关系,主要有以下几种方法。

(1) 与同类人群互粉。

微博上有很多关注同一个领域、有共同或相似爱好的群体,这些群体中的人有共同话题,他们交流方便,很容易互粉,也就是互相关注。因此在创建微博前期,可以试着加入这类圈子,与他们进行互动,吸引关注,再慢慢扩大微博的影响力,实现粉丝量的自然增长。

(2) 外部引流。

外部引流是指将其他平台上已有的粉丝导入微博,可以是博客、豆瓣、视频、直播、问答、微信、QQ、媒体网站等平台,甚至可以在出版物上注明个人微博,引导读者关注。外部引流是非常直接且快速积累粉丝的方法,且该方法积累的粉丝质量普遍比较高。网络营销人员一定要学会并利用好各种平台资源,形成一个完整的传播矩阵,互相促进和提升。

(3) 活动增粉。

活动增粉是一种非常常见的方式,特别是一些新鲜、有趣、有奖励的活动,更容易吸引用户的关注和广泛传播,微博主可以通过关注转发抽奖、关注参与话题讨论等形式,引导粉丝转发微博,吸引非粉丝用户的关注。图 2-38 所示为微博常见的"关注+转发"抽奖活动。

图 2-38 奥迪"关注+转发"抽奖活动

（4）与其他微博合作增粉。

通常粉丝数量越多，微博活动的影响力越大，当单个微博的影响力有限时，可以与其他微博合作，联合双方或多方的影响力，扩大宣传范围。一般来说，应该尽可能选择有影响力的微博，或邀请网络大V进行互动，这种方式可以为活动双方带来利益。图2-39所示就是通过合作的形式来开展活动的例子。

图2-39　五菱汽车与抖音汽车嘉年华合作

2）企业微博的粉丝获取

企业官方微博不具备个人微博的网络社交优势，在创建之初主要利用内部人员、已有用户等资源形成第一批粉丝，再通过累积起来的影响力吸引新粉丝。

（1）内部推荐。

企业微博在创建之初可以利用内部员工积累最初的粉丝，比如要求员工关注微博，并发展员工的个人关系网进行关注，可以制定一定的奖励措施激励员工对官方微博进行推广。

（2）合作关注。

与企业的合作伙伴进行沟通，双方发动各自的资源互相宣传和关注。

（3）邀请已有用户关注。

企业在官方网站或其他电子商务平台网站进行用户服务时，可以邀请购买产品的用户关注微博，以便更好地为用户提供服务和优惠信息。

（4）对外宣传。

在公司网站、员工名片、各种印刷宣传品、媒体广告、行业展会，甚至产品包装上添加官方微博的相关信息，邀请用户关注。

（5）开展活动。

设计一个微博活动，提供诱人的物质或现金奖励，吸引微博用户的转发和关注。

6. 微博粉丝维护

不管是个人微博还是企业微博都需要通过维护粉丝来提高微博的活跃度,通过增加粉丝黏性,让微博真正具有强大的传播力。

粉丝互动是提升微博活跃度非常重要的手段,粉丝越活跃的微博,其传播力和影响力才会越大,展示给其他微博用户的机会才会越多。在微博上与粉丝保持互动的方式主要有四种,分别是评论、转发、私信和提醒。评论是指直接在原微博下方进行回复,评论内容可以供所有人查看;转发是指将他人的微博转发至自己的微博上;私信是一种一对一的交流方式,讨论内容仅讨论双方可以查看;提醒是指通过@微博昵称的方式,提醒用户关注某信息。

这四种方式都是比较常用的互动方式,如果有比较优质、有趣的微博,微博主应该及时转发出来,加强与粉丝的互动。当然,对于微博下精彩的评论,微博主也可以回复和点赞,提高粉丝的讨论热情。如果收到粉丝的@提醒,可以及时转发,并解决粉丝的问题;对于不方便直接转发或评论解决的,可以给粉丝发私信。除了微博主与粉丝互动之外,还可以引导粉丝之间的互动,比如提一个问题,让粉丝通过转发和评论的方式进行交流。粉丝之间的互动可以激活整个粉丝群体的活跃度,但需要注意的是,粉丝对相同的事件可能会有不同的看法,易导致争执的情况出现,影响微博的整体氛围,因此要谨慎选择问题。如果微博评论中出现不同的声音,微博主不能主动介入争论,否则难以处理粉丝情绪,造成粉丝流失。

【巩固训练】

根据所介绍的相关知识,完成表 2-2 所示实训任务。

表 2-2 实训任务

序号	任务描述	任务要求
1	查找汽车行业中典型的优质微博账号,分析其微博运营方法	1.能够找到代表性的微博账号并查找其矩阵账号; 2.能够分析其常用的运营方式; 3.分析其与粉丝互动的方法

【相关链接】

微博以易操作、时效性强、信息量广而闻名,它是一个公开的圈子,同时也是一个很好的公关渠道,每天发布信息的次数不受限制,更加灵活自由。要想在激烈的竞争中占得一席之地,从海量信息流中脱颖而出,就必须掌握微博账号的运营技巧。下面我们就来分享一下微博运营技巧。

1. 举办活动提高账号活跃度

1) 有奖活动和饥饿营销

有奖活动也就是有奖转发,可以利用红包福利或者发送奖品的方式来吸引用户注意。这在微博上很常见,但是福利文案几乎千篇一律,没有什么特色,想要最大化提升活跃度与曝光度,就得换着法用,不能"一招走天下",我们可以从另外的角度出发或者在文案中添加一些趣味性内容。比如我们可以拍摄几张风景、美食图,让粉丝来找不同,前三名答对的会有一定的现金奖励,利用现金吸引可以增强一部分的活力,而且只有三个名额,在福利转发的同时增强了与网友的互动性,顺带着进行饥饿营销,这样更能吸引用户关注,引导用户积极留言,并且也要说到做到,增强粉丝信任感。

2）投票活动

企业账号可以通过举办投票活动来吸引部分人关注,同时投票界面也会得到更多的曝光。

在手机客户端首页点击右上角的"＋"号,再点击"写微博"选项,在发微博页面中,点击"＋"号,展开菜单栏,选择"投票"即可。

2. 内容细节要把控

在微博运营中,通过细节处理可以引流涨粉。下面从微博字数、展现形式以及发文时间三方面来介绍。

1）微博字数要控制,切记不要断更

目前微博超过140字以后的内容会被隐藏,有的用户很少点击"展开全文",所以在发微博的时候,将内容控制在140字以内是最好的,粉丝的阅读体验是最佳的。

另外,关于发文频率,建议保持每日至少一条。很多运营人员没意识到这一点,但是粉丝会关注,粉丝不一定看具体内容,但是会形成一种默契和习惯,如果有一天突然断更,粉丝的体验感就会大大降低。

2）展现形式

研究调查发现,微博文案的展现形式关注度链条为:短视频＞图片＞文字。短视频发展起来以前,图片是让用户快速阅读并产生联想和记忆的最快方式。图片越精彩,标题越吸引人,越容易引起粉丝的关注和深入阅读。精美的九宫格图阵很吸引人眼球,也是不少企业最常使用、效果最好的。这里要提一点,目前微博上线"超九图"功能,粉丝超10万的账号可享受。

3）企业微博发布时间

有关机构做过一次企业微博发布时间规律的研究,研究发现:周一至周五工作日期间,下午时段2~4点企业微博发布数很高,但是粉丝互动性低。因为粉丝此时正忙于工作,根本没时间刷微博。下午下班后的6~11点期间,粉丝比较活跃,但是企业微博发布数却大幅下降。因此,发布微博的最佳时间应该是:周三、周四的晚上6~11点;周六、周日的下午1~2点和晚上5~8点。

3. 新浪微博排名粉

新浪微博排名粉,即在微博搜索关键词时出现的用户排名,如果排名靠前,则用户可以通过简介和头像找到微博。那么如何让自己的微博排名靠前呢?

1）关键词

最基础也是最重要的一点就是微博名称里要含有自身从事领域的关键词,而且微博标签里含有该关键词是加分项;比如,若从事汽车领域,那么微博名称中就要含有"汽车"这一关键词,以便粉丝在查找的时候能够精准地查找到我们,而且还要避免所含关键词不精准导致粉丝匹配不精准,无法实现转化引流。

2)外链情况

同网站一样,微博地址同样需要曝光度,曝光度越高,被搜索引擎收录的机会越大。当我们在论坛、百度问答、博客或者权威网站中发言时,要尽可能地加入微博地址链接,这样会增加搜索引擎的索引频率,从而被搜索引擎收录。除此之外,如果账号进行了认证,微博是有可能被百度搜索引擎收录的。如果百度搜索引擎收录了我们的微博账号,等于我们的微博又多了一个高权重的外链。

【思考练习】

如果你个人开通了一个汽车推广账号,在账号运营方面你能想到哪些方法和策略?

学习任务3 汽车微博数据分析

【工作任务】

1. 任务分析

微博内容展示方式以短文、视频推送为主,微博主通过内容吸引用户点击,将其转化为粉丝。这个转化的过程与内容的表现效果密切相关,新媒体营销与运营人员要在这个过程中不断分析内容的转化效果与用户行为,并根据数据分析的结果进行内容优化。如推送的内容、类型、时间是否满足用户的需求,新增关注人数有多少,取消关注人数有多少,点击阅读量、转发数量和点赞数量有多少等数据都是至关重要的。这些数据可以通过新媒体平台的数据分析工具获得,也可以通过运营人员自己的统计获得,运营人员再根据分析结果进行内容的优化,如内容结构的分布、内容的展示优化等,以最大化贴合用户的需求。

2. 实践操作

(1)能够理解微博分析的意义。

(2)能够获取数据来源。

(3)能够分析微博数据及分析营销活动效果。

【理论知识】

1. 数据分析的意义

数据分析是指有针对性地收集、加工、整理数据,并采用适当的统计分析方法对数据进行分析,提取其中的有用信息并形成结论,它是一个对数据进行详细研究和概括总结的过程。随着互联网的普及,数据分析已经成为新媒体营销与运营中必不可少的环节,它伴随着企业和产品的整个生命周期,通过分析各项数据综合得出具有参考价值和执行力的分析结论,可以对新媒体运营进行科学的指导。

利用数据分析能够全面、准确地掌握和了解企业与产品的运行状态和发展变化情况,能够更好地预测运营方向并控制运营成本,为企业和产品的运营提供决策性意见。新媒体数据分析的意义就体现在运营过程和运营计划的调整中,主要包括以下几个方面。

1）了解运营质量

新媒体营销与运营的平台众多,不同的平台具有不同的数据评判标准,如微信公众号推广、微博文章发布、头条文章推送、微信朋友圈转发、视频推广、粉丝维护、社群运营、微店运营、线下活动等都需要通过数据分析得知其运营的效果,通过对效果的分析判断运营质量是否达标。其中,网站流量数据、粉丝数量、阅读数量、转发数量和评论数量等是各大平台都比较关注的数据,这些数据可以直观地反映新媒体的营销效果。

2）调整运营方向

新媒体时代是大数据的时代,大部分新媒体营销平台都提供了数据分析的工具,如百度指数、新浪微指数、微信指数和头条指数。这些工具通过对网民的各种数据进行分析与研究,帮助新媒体营销与运营人员获得更加准确的用户需求信息,有助于运营人员预测并调整运营方向。以新浪微指数为例,它是基于微博数据推出的一款数据工具。通过对关键词相关的用户数据、行为数据、内容数据进行统计分析,完成关键词数据指数化,其结果是衡量关键词在微博上的传播互动效果、热议情况的重要指标。使用者可通过微指数了解微博热点趋势、洞察热点参与用户等,为内容运营、精准营销、舆情分析、学术研究提供重要的数据参考。图 2-40 所示为新浪微指数对"特斯拉"和"比亚迪"热词的分析。

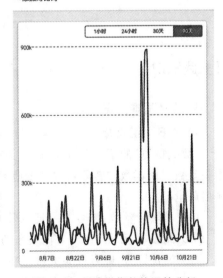

图 2-40 新浪微指数热词的分析

3）控制运营成本

新媒体营销与运营虽然比传统的媒体广告

运营容易,但要想获得良好的营销效果,提升企业产品的销售额并打造品牌口碑,仍然需要花费较多的运营成本,特别是在如今获取自然流量越来越困难的环境下,企业要想通过流量获得较高的转化率就必须投入一定的资金成本。通过对数据的分析,企业可以更加精准地定位目标消费人群,把握用户需求,精准地进行广告投放,减少不必要的成本开销,进而达到控制运营成本的目的。

2. 数据的来源

在微博平台中进行新媒体营销时可以通过微博"数据助手"获取数据并进行分析。在微博客户端中依次点击"我"→"管理中心"→"数据助手",可以查看微博粉丝、博文、互动、相关账号、视频等分析数据,账号运营人员根据这些数据可以进行微博营销效果的分析,如图2-41所示。

图 2-41 微博数据助手

【实践知识】

1. 微博基本数据分析

1）昨日关键指标

"数据概览"的第一部分是"昨日关键指标",运营人员可以在这一版块中观察到"净增粉丝数""阅读数""转评赞数""发博数""文章发布数""文章阅读数""视频发布数""视频播放量"。

(1) 净增粉丝数:账号前一日净增加的粉丝数量。

(2) 阅读数:账号近30日内发布的微博在前一日被阅读的次数。

(3) 转评赞数:账号发布的微博在前一日被转发、评论和点赞次数的累加数。

(4) 发博数:账号前一日发布的微博条数。

(5) 文章发布数：账号前一日发布的文章数。

(6) 文章阅读数：账号前一日发布文章的阅读数。

(7) 视频发布数：账号前一日发布的视频数。

(8) 视频播放量：账号近7天内发布的视频在前一日被播放的次数，仅支持微博原生视频和秒拍视频获取该数据。在"数据概览"中，运营人员可随时间变化对这些指标进行分析，从而对账号的运营状况有大致了解。

其中，净增粉丝数能够帮助运营人员检测粉丝增长状况，如果粉丝数量增长，运营人员需要从发布内容、发布时间、发布数量等方面进行总结，从而得出经验，使后续粉丝数量保持良好增长态势。如果粉丝数量下降，运营人员也同样要对发布内容、发布时间、发布数量等方面进行复盘，吸取教训使粉丝数量呈现增长态势。阅读数、转评赞数、发博数、文章阅读数可反映粉丝对发布内容是否感兴趣，从而为运营人员发布读者偏好的内容提供思路。视频发布数、视频播放量同样可以反映粉丝对发布视频是否感兴趣，为运营人员把握读者偏好提供良好途径。

总之，运营人员需要关注这些数据，并对这些数据进行对比，总结提升账号维护能力的经验。

2) 粉丝变化

"粉丝变化"共包括三个关键指标，即"净增粉丝数""新增粉丝数""减少粉丝数"，如图2-42所示。其中：净增粉丝数指新增粉丝数减去减少粉丝数的净值；新增粉丝数指新增关注本账号的粉丝数量；减少粉丝数既包含主动取消关注账号的粉丝数量，又包括账号主动移除的关注粉丝数量。账号运营人员可以分析具体数据和折线图的波动状况，对相应时间内发布的微博内容和文章主题进行分析，如果粉丝数增加，运营人员应该从中总结提高运营效率的方法；如果粉丝数减少，运营人员应吸取教训发布更吸引用户的主题和内容。

图2-42 粉丝变化

3) 博文

"博文"共包括三个关键指标，即"博文阅读数""博文互动数""页面访问量"。

博文阅读数是指账号近30天发布的微博被阅读的次数，一条微博可以被同一用户阅读多次；博文互动数是指账号发布的微博被转发、评论和点赞的次数。页面访问量是账号发布微博被读者点击的次数。在"博文"模块，运营人员可以看到互动数据的具体情况，如图2-43所示。

运营人员可以分析阅读数、互动数和访问量的波峰位置及数据变化情况，发现微博上对阅读量影响较大的热点话题，结合热点话题进行垂直领域创作，进而总结提升运营效率的方法。

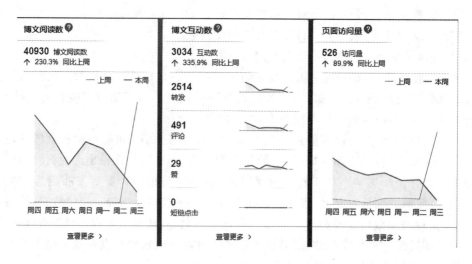

图 2-43 博文指标

4）我发布的内容

"我发布的内容"共包括三个关键指标，即"发博数""发出评论数""原创微博数"，如图 2-44 所示。发博数是指账号发出微博的数量，发出评论数指账号发出评论的数量，原创微博数指账号发出原创微博的数量。对"我发布的内容"进行数据分析，可以看出运营人员是否抓住了热点和关键的时间段，如"618""双十一"等热门节日。

图 2-44 我发布的内容

5）视频

"视频"共包括三个关键指标，即"视频发布数""播放量""视频转评赞数"。视频发布数指账号发布的视频数量，播放量指账号发布的视频被播放的次数，视频转评赞数指视频被转发、评论和点赞的次数。对视频进行数据分析，运营人员能掌握当下粉丝喜爱的视频风格、趋势。运营人员可以分析视频数据的波峰和波谷位置，从而总结出运营规律，以提升运营效率。

6）文章

"文章"共包括三个关键指标，即"文章发布数""文章阅读数""文章转评赞数"，如图 2-45 所示。文章发布数指账号发布的文章数量，文章阅读数指文章被阅读的次数，文章转评赞数指文章被转发、评论和点赞的次数。对文章进行数据分析，运营人员能掌握当下粉丝感兴趣、关注的文章主题和风格。运营人员可以分析文章数据的波峰和波谷位置，从而总结出运营规律，以提升运营效率。

图 2-45 文章数据

2. 微博内容数据分析

1）查看粉丝数据

查看粉丝数据是进行微博后台数据分析的第一步。粉丝数据包括粉丝总数、增长情况、粉丝活跃度、粉丝的性别比例、年龄段以及地域分布等。这些数据可以反映目标受众是什么样的人群，从而便于对内容进行有针对性的调整。例如，如果粉丝大多数集中在某个年龄段或地域，就可以针对这一人群的兴趣和需求制作内容，以提高内容的吸引力和互动率。粉丝增长情况能够帮助运营人员了解微博内容在某个时间段内的受欢迎程度。粉丝活跃度则反映了粉丝与内容的互动情况，如点赞、评论和转发等。微博分析界面如图 2-46 所示。

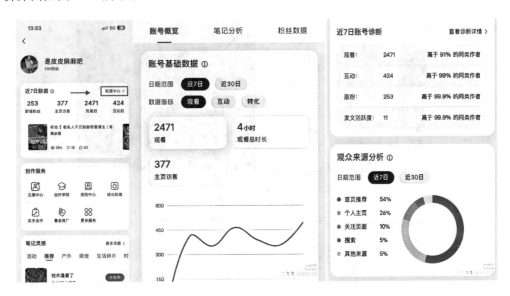

图 2-46 微博分析界面

2）评估内容表现

评估内容表现是微博数据分析的核心环节。内容表现数据包括每篇微博的曝光量、阅读量、互动量等。这些数据可以反映微博内容在粉丝中的传播效果和受欢迎程度，从而便于对内容进行优化和调整。曝光量是内容被展示的次数，这个指标可以反映出微博内容在平台上的曝光情况。如果曝光量较高，则说明内容在平台上展示的机会较多，反之则需要思考如何提高内容的曝光量。阅读量则是内容被点击阅读的次数，这个指标可以反映出内容的吸引力，阅读量越高，说明内容对粉丝的吸引力越大。互动量则是点赞、评论、转发等互动行为数量的总和,这个指标可以反映出粉丝对内容的参与度和认可度。

通过评估这些内容表现数据,可以发现哪些内容形式和话题更受欢迎,从而调整内容策略。例如,如果发现某种类型的内容阅读量和互动量都较高,那么在未来的内容制作中就可以适当增加这类内容的比例,进一步提高微博的影响力和传播效果。

3) 监控趋势变化

监控趋势变化是微博数据分析中的重要环节。趋势变化数据包括粉丝增长趋势、互动趋势、内容表现趋势等。通过粉丝增长趋势可以了解粉丝增长的速度和规律,从而对粉丝增长进行预测和规划。互动趋势则可以反映出粉丝对内容的兴趣变化。内容表现趋势可以帮助运营人员了解内容在不同时间段内的表现情况,从而对内容发布的时间和频率进行优化。

在"单篇笔记分析"版块,可对本账号的头条文章进行逐条分析,针对观看数、人均观看时长、点赞数、收藏数、评论数、笔记涨粉数、笔记分享数等进行数据分析,如图2-47所示,这些指标可以柱状图的形式直观显示出来。运营人员可以对阅读量靠前的头条文章在文风、排版、发布时间等方面找出共同点,进而总结经验制定合适的运营策略,以提升运营效率。

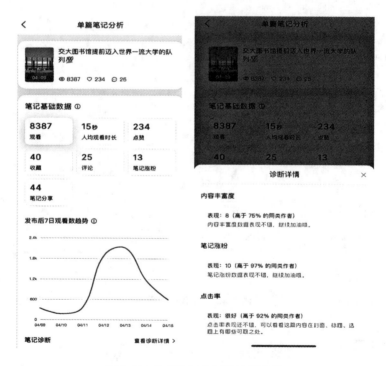

图 2-47 单篇笔记分析及诊断详情

【巩固训练】

根据所介绍的相关知识,完成表2-3所示的实训任务。

表 2-3　实训任务

序号	任务描述	任务要求
1	微博数据实际分析	1. 在个人账号中借助微博数据助手,查看每个版块的数据情况; 2. 登录知微官网,查看头部微博数据并分析其微博运营效果

【相关链接】

分析微博数据还可采用专业的工具进行,例如知微。知微是目前一款功能强大的微博数据分析工具,可以用于分析单条微博的传播路径,找出关键节点、转发次数、地域分布等信息。通过百度搜索"知微",进入官网后,用户可以看到传播分析、传播路径、参与者信息、引爆点、短链分析、水军分析、内容分析等。微力值指综合该消息的传播深度、广度及参与用户各项指标加权后得出的微博影响力总体评价分值,如图 2-48 所示。

图 2-48　知微分析

【思考练习】

登录知微网站,分析目前热点事件,思考如何结合时下热点,通过微博策划汽车品牌推广活动?

项目3
汽车微信营销

【学习目标】

1. 了解微信营销的概念、内涵；
2. 理解汽车微信营销的形式与特征；
3. 掌握汽车微信营销的发展趋势。

【技能要求】

1. 能利用微信朋友圈开展汽车营销活动；
2. 能利用微信群和扫一扫等结合微信红包开展汽车营销活动；
3. 能够独立注册微信公众号，使用微信公众号推广产品。

【案例导入】

比亚迪"秦"微信整合营销案例

2013年第四季度，比亚迪汽车微信运营团队依据企业微信营销特点，将比亚迪汽车微信公众账号进行了第一次技术升级，构建了微信官网，并增设了预约试驾、互动活动发布体系、LBS（基于位置服务）等多个微信模块，以提升比亚迪微信公众账号的互动性和用户服务体验。

与此同时，比亚迪汽车即将迎来新款车型"秦"的上市，尝试一次以微信公众账号为核心的社交媒体整合营销，快速扩大比亚迪品牌以及新车"秦"的口碑传播，成为2013年年末一次年终大考。

1. 营销目标

将微信营销充分结合到传统的宣传推广体系中，吸引粉丝关注以便二次营销，让传统推广资源和活动营销得到更大的价值体现，这是比亚迪微信运营团队和互动派团队共同达成的推广策略。

比亚迪微信运营团队尝试基于社交媒体特点，将"#话题营销#""#互动活动营销#""#娱乐营销#"等新营销手段成体系运用，充分调动社交媒体平台每一个粉丝的"自媒体"属性，打造汽车行业第一互动营销。整个营销活动由2013年9月23日开始执行，直到2014年1月8日才告一段落。

2. 创意执行

（1）整个营销策略的执行由互动活动——寻"秦"记开始，拉开比亚迪"秦"社交媒体营销序幕,好戏即将登台,如图 3-1 所示。

(2) 线下活动直播:微信粉丝互动与传统媒体齐上阵,充分发挥粉丝的力量和传统媒体的权威形象,线上线下融合传播全面展开,如图 3-2 所示。

(3) 微信、微博、官网同步报名,现场直播北京密云机场比亚迪"秦"大战保时捷 911 等超跑,上演速度与激情,推波助澜,活动报道如图 3-3 所示。

(4) "秦"你来定,开展系列微信活动,加深粉丝对新车上市的期待,如图 3-4 所示。

(5) 开发比打飞机更刺激的微信赛车游戏,将比亚迪"秦"的油电混合和超级加速卖点完美植入,打造汽车行业娱乐营销的典范,如图 3-5 所示。

3. 效果呈现

这场以微信为主要平台的营销活动,通过不同方式的手段将创意执行逐步推进,实现了宣传效果的最大化。

微博话题打榜,带动比亚迪微博、微信关注,在 24 小时热门排行榜上排第 2 名,日均话题关注度超 100 万人次。互动娱乐营销带来微信关注和粉丝活跃度大幅提升。

3 个月净增真实粉丝数超过 3 万个,粉丝精准度较高,特别体现在 2013 年 12 月 17 日—2014 年 1 月 8 日比亚迪"秦"新车上市后的三周内,60% 以上粉丝与微信公众账号产生了互动,较上月提升了近 3 倍。

图 3-1　寻"秦"记互动活动　　图 3-2　寻"秦"记互动活动报道　　3-3　比亚迪"秦"直播

图 3-4　微信系列活动　　图 3-5　微信赛车游戏

学习任务 1　搭建汽车微信营销平台

从以前的博客、微博营销,再到现在的微信营销,各汽车企业以及商家都将这些终端玩得有声有色。

【工作任务】

1. 任务分析

依托微信,并渗透个人现实社交圈,打造一个营销通路,传播汽车品牌、车型、4S店等信息,吸引更多的消费者用户等,增加汽车销售量并扩大汽车售后服务份额。

2. 实践操作

注册微信账号。

【理论知识】

1. 微信及微信营销简介

1) 微信

微信是腾讯公司于2011年初推出的一款通过网络快速发送语音短信、视频、图片和文字,支持多人群聊,提供免费即时通信服务的移动聊天软件。微信功能强大,应用极其广泛。

2) 微信营销

微信营销主要体现为利用手机或者平板电脑中的移动客户端进行的区域定位营销,商家通过微信公众平台,结合转介率微信会员管理系统,展示商家微官网、微会员、微推送、微支付、微活动,形成一种主流的线上线下微信互动营销方式。简单来说,微信营销就是通过微信,向微信好友推广自己的产品或者服务,微信不存在距离的限制,用户注册微信后,可与周围同样注册的"朋友"联系,商家通过提供用户需要的信息,推广自己的产品或服务,从而实现点对点的营销。

2. 微信营销的特点

1) 点对点精准营销

微信拥有庞大的用户群,截至2024年,微信月活跃账户数超13亿,这些逐渐壮大的微信用户群体,正是企业微信营销的潜在客户。借助移动终端、天然的社交和位置定位等优势,能够让每个个体都有机会接收到发送的信息,继而帮助商家实现点对点精准化营销。

2) 营销成本低

相比传统营销,微信营销成本比较低廉。传统营销比如纸媒、电视媒体营销通常包括印刷、人力、纸张、器材等一系列成本。而微信营销仅包括活动红包、优惠券、抽奖等成本。

3）强关系的机遇

微信的点对点产品形态,注定了其能够通过互动的形式将普通关系发展成强关系,从而产生更大的价值。通过互动的形式与用户建立联系,可以解答疑惑、讲故事,用一切形式让企业与消费者形成朋友的关系,你不会相信陌生人,但是会信任你的"朋友"。

4）传播速度快

朋友圈在信息的传播方面有自己独特的优势,当某一位朋友圈的用户接受并认可企业推送的某一条信息之后,他可能会转发并进一步分享到自己的朋友圈,这样他微信里的朋友们就可以看到这一信息。通过一级一级的传播,这一信息就可以在短时间内大量传播。

3. 微信营销模式

微信营销有着众多的模式。

（1）朋友圈:企业可以利用朋友圈中的纯文字、图片动态、分享链接和小视频等来进行营销,还可以借助热门话题分享来增加品牌和营销活动的曝光率。

（2）位置签名:汽车商家可以利用"用户签名档"这个免费的广告位为自己做宣传,附近的微信用户可借此看到商家的信息。

（3）二维码:用户可以通过扫描识别二维码来添加朋友、关注企业账号;企业则可以设定自己品牌的二维码,用折扣和优惠来吸引用户关注。

（4）微信群:这是微信营销开始时最常见的手段,即微信用户通过微信群发消息,把消息像病毒一样传播和扩散开去。

（5）摇一摇、附近的人:企业可以通过"摇一摇"和"附近的人"等方式,找到很多微信客户,前期可以与他们简单交流,熟悉之后再加为好友,然后在朋友圈和微信群等发布营销活动信息。

（6）开放平台:通过微信开放平台,应用开发者可以接入第三方应用,还可以将应用的logo放入微信附件栏,用户可以方便地在会话中调用第三方应用进行内容选择与分享。

（7）公众平台:在微信公众平台上,每个人都可以用一个QQ号码,打造自己的微信公众账号,并在微信平台上实现和特定群体的文字、图片、语音的全方位沟通和互动。

以上微信营销模式各具特点,出于不同的营销目的,企业可以形成不同的模式组合。

4. 汽车行业如何利用微信平台营销

微信互动营销活动,是结合微信设计的互动活动,引发用户对商家微信的兴趣及关注度,并可让用户自发对商家微信活动进行口碑宣传,从而实现增加商家微信关注人数、带动企业产品销售的作用。

微信营销的方式多种多样,最普遍的是推送优惠、保养等信息,提供售前、售后服务,在一定程度上替代了短信、电话等传统营销方式。线上线下有哪些活动,微信都可以第一时间告知用户,如微信预约试驾、购买送加油卡等。

随着微信营销日益火爆,车商们纷纷推出自己的微信公众账号,运用微信管理平台的种种功能,来丰富自己的企业微信。比较实用的功能有微信专享优惠券、预约试驾、预约报修,以及LBS,还可以帮助用户快速找到最近的4S店等。

【实践知识】

(1)打开微信App,进入微信登录界面,点击右下角"注册"(图3-6),或者点击"更多选项"(图3-7);

(2)进入注册页面,填写好手机号、密码,勾选用户协议,点击"同意并继续",在注册完成之后用户还可以修改头像、昵称等基本信息(图3-8)。

(3)在跳转页面勾选微信隐私保护指引(图3-9)。

(4)在跳转到安全验证页面并验证后,点击"立即发送短信"(图3-10)。

(5)在短信发送完成后,点击"我已发送短信,下一步"即可完成新账号注册(图3-10)。微信号的设置非常重要,如果设置得太过复杂,就容易让用户因符号过于复杂而放弃搜索微信号。另外没有特色的微信号,会让人印象不深刻,导致关注率降低。常见的微信号设置方法有拼音法、英译法、缩写法、官网法。无论采用哪种设置方法,都要简单并体现企业名称特色。

图3-6 微信注册界面　　图3-7 注册界面2　　图3-8 手机号、密码填写

图3-9 隐私保护　　图3-10 短信验证

【巩固训练】

(1) 微信有哪些功能,给你的生活带来哪些方面的改变?

(2) 对微信营销的定义进行分析,将表3-1中能体现微信营销优势的词挑选出来,并在后面的空格内打"√"。

表3-1 微信营销优势

优势	是否能体现	优势	是否能体现	优势	是否能体现
庞大的用户群		一对多沟通		一对一沟通	
功能单一		功能多样化		精准营销	
用户小众		互动性强		互动性弱	
用户信息不真实		用户信息真实		营销成本低	

【相关链接】

玩转朋友圈,汽车品牌轻松制胜市场

在这个数字化时代,朋友圈已经成为汽车行业营销的重要阵地。利用朋友圈广告可以取得卓越的营销效益,涵盖精准定位、创意展现、社交互动、组合投放、数据优化等多个方面。

1. 精准定位,直击潜在购车人群

朋友圈广告基于微信平台的庞大数据,为汽车企业提供了前所未有的精准定位功能。汽车企业可以对用户的地理位置、年龄、性别、兴趣爱好、消费习惯等多个维度进行细分,确保广告精准触达潜在购车人群。例如,针对年轻消费者,可以投放关于新能源汽车的广告;而对于家庭用户,则更适合推广经济实用、空间宽敞的SUV或MPV车型。

2. 创意展现,吸引用户眼球

朋友圈广告支持多种创意形式,汽车企业可以结合品牌特色和车型亮点,设计吸引人的广告素材。以下是几种值得尝试的创意展现方式。

全幅式+首屏竖屏广告:这种广告形式能够占据用户的整个手机屏幕,充分展示汽车的外观设计和内饰细节,给用户带来沉浸式的视觉体验。

多图原生页:通过多张图片展示不同车型、配置及优惠活动,让用户一目了然地了解汽车产品的全貌。

剧情选择卡片广告:设计有趣的剧情广告,让用户通过选择不同选项来决定广告剧情的走向,增加互动性和趣味性。

3. 社交互动,增强用户参与感

朋友圈广告的社交属性是其独特优势。汽车企业可以通过以下方式增强用户的参与感和分享欲,鼓励用户在广告评论区分享自己的购车意向或评价,形成涟漪式传播效应。

话题投票卡片广告:设计关于汽车品牌、车型或购车体验的话题投票,引导用户参与讨论,提升品牌曝光度。

明星互动:邀请明星作为品牌大使,发布互动广告,利用明星的影响力吸引更多用户关注和参与。

4. 组合投放，实现全方位品牌传播

为了最大化广告效果，汽车企业可以将朋友圈广告与其他形式微信广告进行组合投放。

朋友圈：在朋友圈进行大规模曝光的同时，结合发布深度内容，如新车评测、购车指南等，深度触达潜在购车人群。

小程序直播：利用小程序进行新车发布会直播或试驾体验直播，让用户近距离感受汽车产品的魅力。

搜一搜：通过搜一搜功能建立品牌官方区，聚合品牌信息和服务，为用户提供便捷的购车咨询和体验。

5. 数据优化，提升广告投放效果

朋友圈广告提供了丰富的数据分析功能，汽车企业可以通过以下方式优化广告投放效果。

实时监测：利用数据分析工具实时监测广告的曝光量、点击率、转化率等关键指标，了解广告的表现情况。

动态调整：根据广告表现动态调整定向条件、创意素材和出价策略，确保广告始终保持在最佳状态。

A/B 测试：设计不同的广告创意和投放策略并进行 A/B 测试，评估不同方案的效果，选择最优方案进行投放。

朋友圈广告为汽车行业提供了广阔的营销空间。有些广告公司可以专业投放朋友圈、视频号广告，可以进行地域推广，自定义范围人群。当地汽车品牌可以根据实际情况进行广告投放，成本低，见效快。汽车企业需要充分利用精准定位、创意展现、社交互动、组合投放和数据优化等策略，以期在激烈的市场竞争中脱颖而出，取得卓越的营销效益。

常见的朋友圈广告如图 3-11 和图 3-12 所示。

图 3-11　奥迪朋友圈广告 1

图 3-12　奥迪朋友圈广告 2

学习任务2　汽车微信营销要点

【工作任务】

作为红旗4S店销售精英,经理要求你利用微信朋友圈,推销本店红旗H5车型。

1. 任务分析

经营个人号必须有自己的特色,而不是人云亦云,需要结合自身优势进行清晰的定位。你卖的是什么车,就给客户展示一个什么样的生活方式,在朋友圈里,要展现一个正能量、进取、上进、积极、乐观、具有团队精神的形象,影响客户,让他觉得你是一个值得信赖的人。每个品牌的车型都有定位,家用也好,越野也罢,尽量给客户展示一种类似的生活方式,让客户去憧憬这种感觉,渴望这种感觉。

2. 实践操作

掌握微信营销要点,用微信朋友圈开展营销活动。

【理论知识】

微信朋友圈是一个类似朋友网的应用。随着各类新媒体平台不断涌现,用户的注意力被分散,公众号、视频号等平台面临打开率低、阅读量和转化率下降等问题,许多汽车运营者开始转变思路,将粉丝引流到个人微信号上,进行朋友圈营销。

【实践知识】

进行成功的微信朋友圈营销具有一些技巧。

1. 发挥个人优势,进行清晰定位

朋友圈营销需要结合自身优势进行清晰定位。销售顾问的微信取名是有学问的,要加上品牌店名和自己的姓名或者昵称,以便客户能够在通讯录中很容易地找到你,知道你是谁,知道你做什么。用真名的另一个好处是增加客户的信任感,比如,"宋小雨"和"火星BOY"这两个名字你更信任哪一个呢?

头像最好是本人照片,让客户能够对你产生深刻印象,进店的时候不陌生!

2. 坚持发送有思想的原创内容

我们经常在朋友圈中看到一些图片和文案,都带有很明显的复制粘贴痕迹,这样的内容很难激发客户兴趣,基本上会被忽略,甚至可能导致个人号被屏蔽拉黑。所以,发送有思想的原创内容非常重要,用自己的口吻真心实意将产品介绍给客户,是敷衍还是用心,客户是能够感觉到的。

我们要"王婆卖瓜自卖自夸",在朋友圈中经常发一些交车、订车等喜讯,让客户觉得你的产品卖得很好,比较畅销,进而利用大家的从众心理,大家买我才买,大家不买我不敢买,促进成交。

3. 积极在朋友圈进行互动

比如可以适时进行点赞抽奖送小礼品活动,与客户拉近距离,增强客户黏性。也可以进行提问式互动,比如关心一下客户中午吃了什么?今天有什么开心的事?让客户在评论区积极发言,感受到温暖。还可以适当穿插个人生活状态分享,让客户感知到个人号不只进行营销,更代表一个活生生的人。

客户发了朋友圈要经常互动,比如点赞、正面评论,从心理学的角度讲,我们发朋友圈是渴望获得认可的,自己发了朋友圈会关注评论和点赞数量就是这个道理。

微信的另一个好处是可以广而告之。你怎么向客户介绍呢?挨个打电话已不太适合,可以在朋友圈发信息。比如:本月任务还差最后一台,哪位大哥大姐、叔叔阿姨要买车,请介绍给小女子吧,小女子一定这厢有礼了。再配上几个表情符号和图片,用幽默生动的语句表达出来可能更容易达到目的。

物以类聚,人以群分,客户的朋友和同事很有可能就是潜在客户。如果跟客户成了真朋友,则可以让客户帮忙转发促销信息,发到他的朋友圈、微信群。

Jeep 品牌朋友圈如图 3-13 所示。

图 3-13 朋友圈营销

【巩固训练】

下面哪些产品你在使用时更依赖微信朋友圈的社交口碑？试讨论，为什么有的产品在朋友圈中很容易实现顺畅销售？针对不同类型的产品，应该如何发布微信朋友圈的内容？

驾驶员培训、新能源汽车、手机、鲜花、童装、专升本培训班、商品房、钢材。

【相关链接】

易车：寻找优质稳定获客渠道

作为国内领先的汽车综合服务平台，易车期望通过微信广告平台解决的主要问题是：如何为其全方位的汽车服务平台找到量大、稳定、高质量的获客渠道？

2015 年 6 月，易车旗下易车、汽车报价大全等 App 开始投放公众号应用下载广告，如图 3-14 所示。通过抓住汽车用户痛点的图片素材，搭配男性汽车兴趣标签，易车实现了日均 10000 多新增下载用户的长期稳定投放，用户月留存率比其他渠道高 20%。

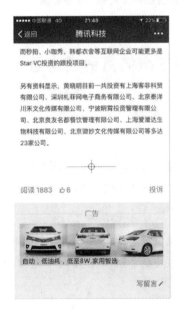 

图 3-14　易车应用下载广告外层图片及下载落地页截图

2016 年，易车开始尝试通过品牌外链获取销售线索的投放模式，精准的定向和更加简洁流畅的体验为易车带来了高于预期的转化效果，易车也在持续增加这种模式的投放投入，如图 3-15 所示。

在公众号广告方面，易车为其全方位的汽车服务平台找到了优质稳定的获客渠道。

图 3-15　易车品牌外链广告外层图片及跳转 H5 页截图

学习任务 3　创建汽车微信营销公众号

【工作任务】

假设你是红旗汽车 4S 店的销售人员,销售经理给你分配一项新任务——建设本店自己的微信公众号,负责开展微信营销活动。你会注册微信公众号吗?

1. 任务分析

随着微信及微信公众平台的迅速发展,微信公众号营销作为一种新型的网络营销方式应运而生,作为红旗汽车 4S 店的销售人员,要了解微信公众号在营销方面的作用,掌握微信公众号创建的方法。

2. 实践操作

创建微信公众号。

【理论知识】

1. 微信公众平台

微信公众平台是腾讯公司在微信的基础上新增的功能模块,通过这一平台,个人和企业都可以注册微信公众号,并实现和特定群体的文字、图片、语音的全方位沟通互动。

商家申请微信公众号后,就能利用公众平台进行自媒体营销活动。用户关注微信公众号后,商家就可通过图文形式将营销信息发送至每位用户的手机端,从而实现点对点营销。

公众号主要通过公众号消息会话和公众号内网页来为用户提供服务。

2. 公众号分类

微信公众号的账号类型主要有四种,分别是服务号、订阅号、企业微信和小程序,如图 3-16 所示。

图 3-16　公众号分类

1) 服务号

为企业和组织提供强大的业务服务与用户管理能力,主要偏向服务类交互,适用于媒体、企业、政府或其他组织。服务号有声音提示,有自定义菜单。缺点是每月只能发送 4 条信息。图 3-17(a)所示为招商银行微银行服务号。

2) 订阅号

为媒体和个人提供一种新的信息传播方式,主要功能是给用户传达资讯,适用于个人、媒体、企业、政府或其他组织。消息被收拢到一个文件栏里,没有及时提示,微信通过认证后也有自定义菜单,优点是每天能推送一条图文信息。图 3-17(b)所示为大湘网订阅号。

3) 企业微信

企业微信是企业通信与办公工具,主要用于企业内部管理及企业上、下游客户信息传递等,与钉钉功能类似,需要单独下载 App 使用。图 3-17(c)所示为企业微信页面。

4) 小程序

微信小程序是一种不需要下载安装即可使用的应用,它的特点是小而快,微信小程序应用更适合小工具和小游戏,如图 3-17(d)所示的游戏王者荣耀,小程序可以和订阅号或服务号配合使用。

　　(a) 服务号　　(b) 订阅号　　(c) 企业微信　　(d) 小程序

图 3-17　微信公众号账号类型

【实践知识】

下面介绍微信公众号的创建流程。

1. 订阅号创建

（1）在计算机上打开浏览器，然后在搜索框中输入"微信公众平台"，进入微信公众平台官网 https://mp.weixin.qq.com，如图 3-18 所示。

图 3-18　微信公众平台

（2）点击"微信公众平台"，进入登录界面，点击"立即注册"，如图 3-19 所示。

图 3-19　微信公众平台首页界面

（3）进入后选择要注册的账号类型，有四个选项，如图 3-20 所示，选择"订阅号"。

图 3-20　注册账号类型界面

（4）进入注册页面后，填写基本信息，如图 3-21 所示，按照规定填写邮箱、邮箱验证码和密码等，并勾选"我同意并遵守《微信公众平台服务协议》"，然后点击"注册"按钮，进入下一步。

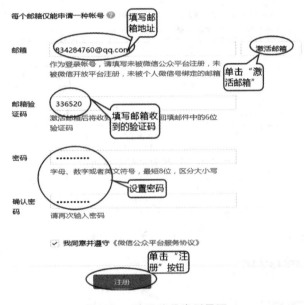

图 3-21　注册账号类型界面

（5）选择企业注册地，然后选择类型，如图 3-22 所示，一旦成功创建账号，类型不可更改，选择"订阅号"，如图 3-23 所示，进入下一步。

图 3-22　注册地选择

（6）在"信息登记"页面选择公众号主体类型为"个人"，如图 3-24 所示。

（7）进入页面后填写个人信息，如图 3-25 所示。

图 3-23 "订阅号"的选择

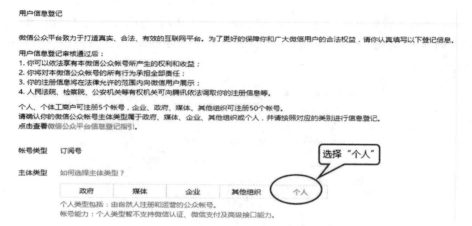

图 3-24 选择公众号主体类型

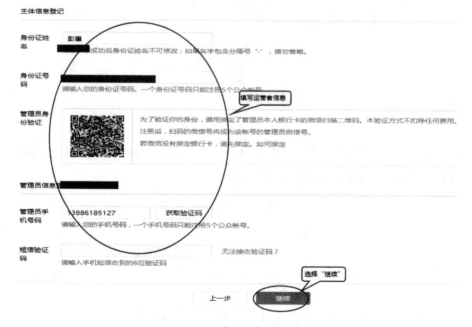

图 3-25 填写运营者信息

(8)进入页面后填写公众号信息,如图3-26所示,填写账号名称、功能介绍和运营地区,最后点击"完成"。

图 3-26　填写微信账号名称及功能介绍

2. 服务号创建

(1)服务号的注册步骤和订阅号的注册步骤前面是一样的,在选择注册的账号类型时,选择"服务号",如图3-27所示。

图 3-27　注册账号类型页面

(2)进入页面后,填写基本信息,如图3-21所示,按照规定填写邮箱、邮箱验证码和密码等,并勾选"我同意并遵守《微信公众平台服务协议》",然后点击"注册"按钮,进入下一步(和注册订阅号相同)。

(3)选择企业注册地,如图3-22所示,然后选择类型,这里选择"服务号",如图3-28所示,进入下一步。

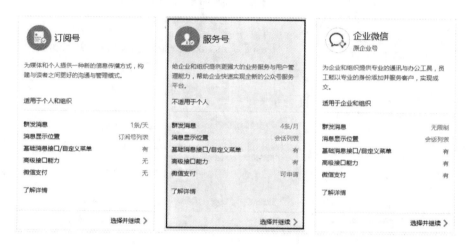

图3-28 服务号选择

(4)进入页面后进行信息登记,主体类型选择为"企业",如图3-29所示,然后进行主体信息登记,选择企业类型为企业或者个体工商户,填入企业名称、营业执照注册号,进行验证。

图3-29 注册信息登记页面(企业)

然后进行管理员信息登记,包括管理员身份证姓名、管理员身份证号码和管理员手机号码,接着进行短信验证,通过后点击"继续"进入下一步。

(5)进入页面后进行公众号信息填写,填写账号名称、功能介绍和运营地区,最后点击"完成"(与注册订阅号步骤相同)。

【巩固训练】

(1)请判断下面哪种产或机构品最适合用微信公众号营销?和同学们交流看法,如果你是这个产品或机构的运营总监,如何将微信公众号的粉丝转化为积极的购买者?

英语培训班、洗衣机、别墅、SUV汽车、相声社、包子铺、家具、保健品。

(2)请你推荐几个微信公众号,并简要介绍其吸引人的主要原因。

(3)微信给你的生活带来哪些方面的改变?

【相关链接】

随着用户注意力向移动端的转移,移动新媒体正在成为越来越多广告主的推广选择。公众号广告基于微信公众号生态,为广告主提供了优质的新媒体流量场景,汇集了各行各业基于不同诉求的推广模式。

奔驰非常重视其在新媒体领域的营销布局。"梅赛德斯-奔驰"官方微信公众号,是其依托微信公众号生态,打造移动端营销服务入口的尝试。

对于粉丝,"梅赛德斯-奔驰"公众号是其连接品牌的窗口,在这里,粉丝能了解品牌历史,查看车型信息,参与营销活动,甚至预约试驾。而对于奔驰,这里是目标客户的聚集地,理念传递、新品宣传、活动触达等都变得更加便捷而有力。

"梅赛德斯-奔驰"官方微信公众号内容截图如图3-30所示。

图3-30 "梅赛德斯-奔驰"官方微信公众号内容截图

学习任务 4　实施汽车微信营销活动

【工作任务】

微信公众号上推广的文章越来越丰富,各种微信活动也层出不穷,集赞送礼、抢红包、砍价等吸引了许多人的目光。如何让你的微信公众号获得众多粉丝的关注?

作为红旗汽车 4S 店的销售精英,建设好本店的微信公众号后,销售经理让你利用本店的微信公众号,向用户推送信息,获得更多粉丝的关注。

1. 任务分析

在本次任务中,我们需要了解如何写出有吸引力的微信推广文章,了解微信推送产品信息和与粉丝互动的方法。

2. 实践操作

(1) 撰写微信标题和文案。
(2) 向用户推送信息,获得粉丝的关注。

【理论知识】

1. 公众平台内容

1) 内容个性化

个性化的内容不仅可以增强用户黏性,使之持久关注,还能让微信公众号在众多公众号中脱颖而出。

2) 内容有价值

在利用微信进行营销的过程中,企业一定要注意内容的价值和实用性。这里的实用性是指符合用户需求,对用户有利、有用、有价值的内容。内容定位是解决用户的实际需求。

微信内容分为下面 6 种类型:①专业知识型;②幽默搞笑型;③促销活动型;④文艺小资型;⑤信息播报型;⑥关怀互动型。

2. 微信粉丝

增加粉丝数量是每一个公众账号运营者的重要任务,另外,微信营销也一定要注重粉丝的质量。微信营销的核心就是让粉丝依赖我们,不管是内容还是功能,都要从维护粉丝的角度出发。一个企业微信营销是否成功,就是看粉丝的依赖性。

3. 微信活动

微信营销比较常用的是以活动的方式吸引目标消费者参与,从而达到预期的推广目的。企业可以发起一些答题赢奖品的活动,采取有奖答题闯关的模式,设置每日有奖积分,最终积分最高的获得礼品。这种方式特别吸引用户,可以有效调动用户参与活动的积极性,从而拉近企业与用户的距离。

4. 信息推送

现在每个微信用户都会订阅多个公众号,推送的信息根本看不过来。推送频次最好一周不要超过 5 次,太多了会影响用户体验,推送太少又不能引起用户的注意,所以一定得把握好尺度。

微信内容推送时间分析如表 3-2 所示。

表 3-2 微信内容推送时间分析

推送时间选择	选择理由
早 8:00 左右	这是新一天的开始,大家都期待关注最新的内容,而且很多人在上班的路上就可以阅读
中午 11:30—12:30	这段时间一般是大家吃饭和午休的时间,会讨论日常琐事,现在移动终端发达,用手机就能完成很多事情
晚上 8:00—9:00	这段时间大家都吃完饭、散完步回家,是放松无聊的时间,容易产生购买行为。另外,晚上 10 点以后不要推送,因为有些人已经睡觉了,打扰了用户睡觉,他很可能会取消关注

5. 信息封面

这里的信息封面指进入"订阅号消息"时,某一个订阅号的消息推送封面,这个封面是给微信用户的第一印象。在众多的订阅号消息推送中,如何使用户看一眼就去阅读你的微信公众号推送的消息呢?这就需要我们精心布置信息封面。

一般来说,企业在设置封面栏目的时候会在产品、资质、获奖、联系方式等方面进行设置,要有个性化,让粉丝满意。

常见的方法有在相关图片上加入大标题,如"火速围观""好消息来了""官宣""重要通知"等,吸引用户看到标题上的核心内容。

【实践知识】

1. 微信标题的写法

1) 悬念式标题

编写悬念式标题主要是为了吸引别人的好奇心,而最终解开谜团的时候就是产品出场的时候。比如"吃货为了吃竟然做出这种事。"

2) 反问式标题

反问式标题的好处是可以引发读者思考。比如"万万没想到,中国最潮的大叔竟然是他?"再如"一名 21 岁的大学生魏则西去世背后,带给了我们哪些思考?"

3)借用热门新闻

结合最新的热点事件、节日、季节内容设置标题,不仅具有时效性,还能借助大众对热点的关注,提高文章点击率和转发率,但特别要注意的是要有观点和态度。比如借助《太子妃升职记》写的标题"《太子妃升职记》剧组太穷,但观众却能看得欲罢不能。"

4)段子型

"今天你对我爱答不理,明天我让你高攀不起",这种标题是非常典型的段子型标题,直接表达了一种态度,每个人都有被其他人冷落的时候,这是一个普通人都具有的感受,非常容易引起共鸣。

2.设计有吸引力的微信活动并撰写微信文案

编写好的标题只是微信营销的第一步,还需要配合能引起用户共鸣的微信文案,同时将推广活动巧妙地植入文案中,才能让用户积极参与并不断转发,扩大影响力,得到用户的持续关注。

一个经典案例如下。

红旗是中国一汽直接运营的汽车品牌。对于中国人而言,红旗不仅是一个著名的汽车品牌,还是一种深深的情怀和神圣的记忆。2022年秋天,红旗汽车在微信上对其H系列车型策划一次活动,本次活动结合2022年世界杯,以期进一步提升产品销量。图3-31至图3-33所示是当时活动的主题和文案。标题用热门事件的形式吸引用户点击,正文以"球队阵形"为主题,用足球场上的队员位置介绍汽车,配图展现了汽车和球队位置功能的一致性,将产品巧妙植入图文中,强化了车型的功能,引起人们的共鸣。

图3-31 微信活动主题

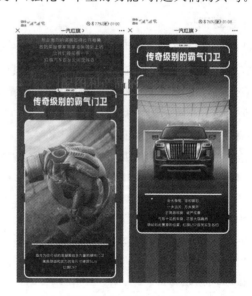

图3-32 微信活动文案1

3.微信推送方法

(1)登录注册的微信公众账号,进入首页,单击"素材管理",单击"新建图文素材",如图3-34所示。

图 3-33 微信活动文案 2

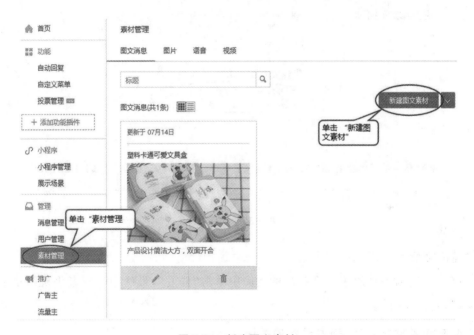

图 3-34 新建图文素材

(2) 进入页面后,输入推送标题和内容信息,内容建议图文并茂,这样比较吸引人,如图 3-35 所示。

(3) 插入图片。在多媒体栏目中单击"图片",在底部选择文章的封面图,可以从正文中选择,也可以从微信图片库中选择(在图片库中选择制作好的封面图);在摘要栏中编辑摘要,单击"保存",如图 3-36 所示。

(4) 编辑完毕后,最好先在手机中预览效果。单击"预览"→"发送到手机预览",输

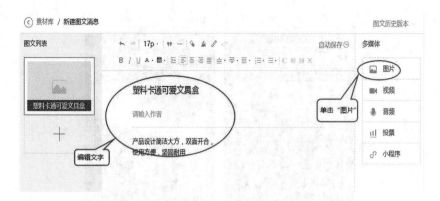

图 3-35　微信文字编辑

图 3-36　封面图

入预览的微信号,如图 3-37 所示。

（5）单击"保存并群发",在弹出的页面中单击"群发",最后用运营者手机扫描微信二维码,确认发送。

4. 与粉丝进行互动,获得粉丝的关注

每当有客户进店时,销售顾问一般都要留下客户的联系方式,这涉及留档率。你知道吗？现在善于汽车营销的 4S 店已经在考核加微信的成功率了,你们的 4S 店落伍了吗？加上客户微信就完了吗？不,工作才刚刚开始。微信是现代通信最便捷的工具之一,可以让客户随时通过微信咨询问题等,既方便客户,又方便自己。加客户微信便于建立一个便捷的沟通渠道。

加客户微信是有学问的,微信有群发功能,但怎样在自己的通讯录里找到客户呢？

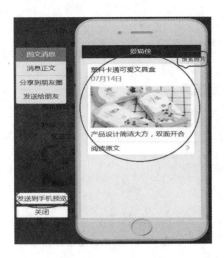

图 3-37　发送到手机预览

这就要求在成功添加客户微信后,在对客户进行备注时,根据客户关注的不同车型分别加上不同字母前缀,对客户进行分类,方便以后能够快速地找到客户。一个销售顾问可能管理几百个客户,容易混淆。

加上客户微信后就用心分析客户的朋友圈吧,这个视角是极其难得的,可以从中获得很多有用的信息,能够大概了解客户的工作生活,便于跟客户沟通。

有的销售顾问加上客户微信以后,只是偶尔群发信息,在朋友圈发送产品或者活动促销信息,这并不够。我们之所以添加客户微信,最重要的是赢得信任!怎样才能赢得信任呢,那就用朋友圈吧,这里就是你的舞台,可以展现一个正能量、进取、上进、积极、乐观、具有团队精神的形象,影响客户,让他觉得你是一个值得信赖的人。

酒香不怕巷子深,这句话在如今已不一定正确了,现在是信息大爆炸时代,再好的产品都需要推广。

自动回复功能是公众号运营者通过简单的设置后自动回复消息的功能,有"被添加自动回复""消息自动回复""关键词自动回复"三个功能。可以设定常用的文字、语言、图片、录音作为回复消息,并制定自动回复的规则。

(1) 被添加自动回复:当用户第一次关注公众号时,自动回复的消息。

设置方法:单击"被添加自动回复",在编辑框中编辑好事先准备的文字或图片信息,单击保存即可,如图 3-38 所示。

(2) 消息自动回复:当用户回复没有设置关键词的无关信息时,微信公众平台回复的信息。单击"消息自动回复",输入回复内容即可设置。

(3) 关键词自动回复:用户发出含指定关键词的消息时回复的信息。单击"添加规则"进行规则创建,当用户输入含已指定关键词的消息时,会弹出事先编辑好的回复内容,如图 3-39 所示。

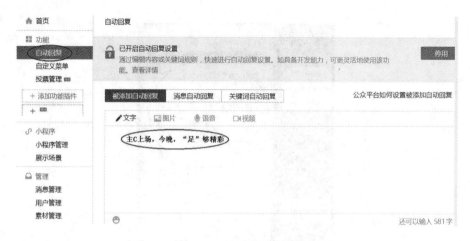

图 3-38　微信自动回复

图 3-39　关键词自动回复

【巩固训练】

某 4S 店要通过微信公众号推送汽车产品信息,推送车型是 SUV,请上网了解这类产品,撰写产品营销文案,并将其推送出去。请将推广文章的有关信息填入表 3-3。

表 3-3　企业微信公众号推广文章信息

选择的产品	
文章标题	
文章创意	
文章内容梗概	
封面图片	
推送时间	
阅读量	
评论量	
留言	

【相关链接】

玩车教授:"自媒体+电商"新模式

"玩车教授"是一个重度垂直汽车行业的公众号,在提供原创的汽车资讯内容之外,"玩车教授"开始探索"自媒体+电商"的新模式,如图 3-40 和图 3-41 所示。

依托于优质汽车资讯内容,"玩车教授"公众号聚集了一大批车主和潜在车主。对于潜在车主,"玩车教授"在公众号内提供在线购车咨询及落地购车服务,25%的粉丝产生了准购车需求转化;而对于车主,"玩车教授"会推荐精品汽车用品,以每周1~2款爆款产品进行在线销售,单日成交订单高达 3000 单以上。

2015年4月起,奔驰开始投放公众号广告,希望能使其公众号服务能力触达更多目标用户。通过原生关注卡片传递品牌形象和关键信息,精准定向关注汽车、金融的年轻高学历人群,经过数月投放,广告月曝光量超过千万,公众号粉丝量增长了 70%。专业而富有创意的精彩内容,搭配精细化运营和广告推广,奔驰的移动端粉丝平台得以快速搭建。

图 3-40 "玩车教授"关注卡片及关注详情页截图

图 3-41 "玩车教授"官方微信公众号内容截图

为了触达更多的目标用户，2014年10月起，"玩车教授"开始投放公众号广告。通过强调自身专业能力的文案，搭配汽车、金融、教育等领域中高消费人群的定向，"玩车教授"获得超过百万的粉丝增长，单个拉新成本仅3.5元。在"自媒体＋电商"的路上，公众号广告帮助"玩车教授"实现了快速前进。

【思考练习】

（1）什么是微信营销？微信营销有什么优势和劣势？

（2）如何用微信朋友圈增加粉丝数量？

（3）简述微信订阅号、服务号、企业号的区别。

（4）微信上与粉丝互动的方法有哪些？

（5）登录微信公众平台创建微信公众号，思考你的公众号的定位和核心功能是什么。

项目 4
汽车短视频营销

【学习目标】

1. 了解短视频营销概念、内涵及优势；
2. 了解短视频制作及账号运营方法；
3. 能够运用短视频营销手段，提升营销活动成效。

【技能要求】

1. 能够成功开通汽车营销短视频账号；
2. 能够学会独立制作汽车营销短视频；
3. 能够独立进行短视频营销活动，提升短视频营销活动成效。

【案例导入】

随着短视频直播浪潮的蓬勃兴起，众多汽车经销商敏锐地洞察到了其蕴含的营销价值，纷纷投身短视频领域，以期吸引更多客流，为门店成交增效提供新动能。

天津蔚蓝同创捷途 4S 店于 2024 年 6 月 8 日踏上短视频直播的新征程，4S 店主播王波正向直播间的粉丝们详细描绘店内主打车型的多种用车场景。"直播间的朋友们，现在展现在您眼前的这款外观超帅的'大家伙'就是捷途山海 T2，它是目前国内比较畅销的混合动力车型，纯电最大续航里程 208 公里，完全能够满足您上下班、接送孩子等日常用途需求；若想带家人去越野，或者去草原转转，满油满电续航 1300 公里，完全能够满足您的长途出行需求。"此外，场景化营销也功不可没，在直播现场，门店根据捷途山海 T2 的旅行定位，特别模拟了露营场景，搭建起了帐篷，还布置了在河边或草地上烧烤野营的场景，配备了咖啡机、烧烤炉等道具，营造出一种一家人或朋友间欢乐野餐的温馨氛围。而直播场景搭建好之后，主播通过生动的语言描述和强大的控场能力，将粉丝带入这种场景化的体验之中。

令人意想不到的是，在开播仅三天之后，便迎来了流量的井喷式增长，实现单场场观超 1.5 万的突破，同时在线人数峰值高达 400 多人，单场收集线索峰值 115 条；整个 6 月份，他们的总观看人数超过了 25 万，月度场均观看人数也成功破万。

天津蔚蓝同创捷途 4S 店新媒体总监展望回忆开播初期场景时表示："我们既感到意外，也十分惊喜，没想到这么短的时间就实现了流量和集客的双跃升。"6 月份期间，该

4S店通过短视频直播成功邀约了6批高意向客户进店,并且最终成功转化了其中的3批客户,实现了高达50%的邀约进店成交转化率。

天津蔚蓝同创捷途4S店特别组建了一支新媒体营销团队,该团队由主播、助播、运营等核心成员构成,主要负责视频号直播的内容策划、数据分析、引导留资、粉丝互动、留言回复、私信跟进等,确保从直播中获取更多的有效线索,提高曝光量、进入率和转化率,促进成功销售,成为短视频营销的典型案例之一。

学习任务1 开通汽车短视频账号

随着技术的不断发展,在当前时代,互联网是汽车营销的全新战场。其中短视频营销,就成为目前营销的主流渠道,各汽车企业以及商家都将这些营销手段设计实施得丰富多彩、有声有色。

【工作任务】

1.任务分析

依托社交媒体平台,打造一个营销渠道,传播汽车品牌的定位、经销商、车型、销售人员形象等信息,宣传专业、诚信、服务至上的价值观和销售理念,吸引受众群体,增加汽车销售量并扩大汽车售后服务份额。

2.实践操作

开通汽车短视频账号。

【理论知识】

1.汽车短视频营销认知

1)汽车短视频营销含义

汽车短视频营销是一种利用短视频平台来推广汽车产品和品牌形象的策略,这是碎片化时代营销手段的变革,也是适应时代发展的主渠道之一。

2)汽车短视频营销优势

在我国快速发展的今天,各行各业都在变革中创新,汽车短视频营销就是新媒体时代营销手段创新的体现,它有着巨大优势,如表4-1所示。

表4-1 汽车短视频营销的优势

序号	优势	详细解读
1	轻松吸引注意力	短视频通常具有较短的时间长度,能够快速抓住观众的注意力
2	生动展示汽车特点	短视频可以更直观地展示汽车的外观、内饰、动力和智能科技等特点

续表

序号	优势	详细解读
3	强化品牌形象	短视频可以通过情感化的故事、优美的画面和动听的音乐来塑造品牌形象,增强消费者对品牌的认同感和好感
4	与品牌方互动交流	短视频具有社交属性,用户可以在视频下方留言评论,与品牌方进行互动交流,从而增强品牌的口碑效应。同时,短视频平台的用户数量庞大,可以帮助品牌快速获得更多的曝光量和更大的粉丝群体

借助汽车短视频营销优势,使用短视频营销可以给汽车企业带来巨大好处。以抖音平台的汽车短视频营销为例,汽车厂商借助抖音,如抖音热搜、抖音同城、抖音社会等进行营销,可以带来多方面好处。

首先,从用户基数看,抖音的全球用户基数巨大,截至2024年,抖音的月活跃用户超过11亿,覆盖了广泛的年龄群体和社会阶层,这为汽车品牌提供了一个多元化的营销受众。

其次,从用户参与度看,抖音的用户参与度高。日均使用时长超过70分钟,为汽车品牌提供了足够的时间窗口来吸引用户和与用户互动。

再次,从营销活动多样化角度看,抖音平台支持多种形式的营销活动,包括短视频、直播、挑战活动等,吸引汽车品牌以创新的方式推广其产品和服务。其中DouCarLive项目的启动,更是受到汽车厂商的好评。

最后,从抖音算法看,抖音的算法推荐系统能够有效提升内容的曝光率,帮助汽车品牌实现精准营销。

3) 汽车短视频营销特点

汽车行业将短视频营销应用到自己的宣传推广中,它的魅力在于能够通过精美的画面和简洁的文字,迅速吸引用户的注意力,传递产品的特色和吸睛点。

汽车短视频营销的具体特点如下:

首先,汽车短视频营销生动直观。通过短视频,汽车企业可以直观地展示产品的外观、内饰、性能等特点。相比于传统的文字描述和平面广告,短视频能够更加生动地展示汽车的各种功能和亮点,让消费者更直观地了解产品,从而提高购买的欲望。

其次,汽车短视频营销传播速度快。在社交媒体平台上,用户可以很方便地分享和转发短视频,从而扩大信息的传播范围。而且,由于短视频时长较短,用户观看起来轻松愉快,更容易接受,因此可以迅速吸引更多用户的关注,提升认知度和影响力。

再次,汽车短视频营销的传播方式个性化。通过短视频,汽车企业可以根据不同的产品特点和目标受众,设计出不同风格的广告,以吸引不同人群的关注。比如,对于年轻消费者,可以设计一些充满激情和活力的短视频,以吸引他们的注意力;而对于家庭消费者,则可以设计一些温馨和融洽的短视频,让他们感受到汽车给他们带来的幸福和便利。

最后,汽车短视频营销具有互动性。在短视频中,汽车企业可以通过创意和趣味的方式,吸引用户的参与和互动。比如,可以设计一些有奖互动活动,让用户在观看短视频的同时参与其中,增加用户的黏性和参与度。这种互动不仅能够提升用户的体验,还能够增加用户的好感度,从而促进销售增长。

综上所述,汽车短视频营销具有生动直观、传播速度快、传播个性化和互动性强等特点。

2. 汽车营销短视频的兴起与发展

由于新型冠状病毒感染疫情,汽车厂商只能通过网络"云卖车"。众多汽车经销商、汽车专业爱好者开始进入短视频平台,利用专业知识吸引粉丝,挖掘消费者的潜在购车需求,实现自救。几年过去,汽车直播的快速发展填充了汽车内容生态。随着新能源汽车的兴起以及"Z世代"消费力的释放,对于车企而言,互联网不再只是一个获取线索的地方,越来越多的品牌开始利用互联网进行品牌曝光甚至整车销售。

在快手,全新红旗 H5 为周杰伦"哥友会"的一次冠名(图 4-1),收获了全网超过 50 亿的曝光量,在整个营销链条中形成了品牌产品与周杰伦粉丝的强关联和强记忆。随着新能源汽车整体生命周期快速发展,以蔚来、理想、小鹏汽车为代表的造车新势力迅速崛起,加上新能源与智能汽车的双重浪潮,汽车市场的竞争变得更加激烈。产品在变,用户在变,渠道在变,格局在变,带来的是营销环境的彻底革新。

图 4-1 全新红旗 H5 为周杰伦"哥友会"冠名

目前新能源汽车大多强调科技、社交等品牌属性,瞄准当代年轻人。相较于传统的电视、杂志、户外广告等媒体点位资源,他们更青睐于短视频、汽车资讯以及综合资讯三大阵地。电商、效果营销、品牌跨界等新营销碎片也被纳入营销的一环,并且逐渐发挥巨大作用。

麦肯锡发布的 2021 年汽车消费者洞察报告显示,短视频凭借热爆点、强互动、高沉浸性的优势,已经成为汽车信息关注渠道的第一名,近 8 成用户观看过汽车相关的直播。从更广的视角看,所有车企为了迎接未来的变化,都在试图朝着年轻化方向自我革新。磁力引擎所发布的一份报告揭示,2020年以后,"Z世代"新购车人群占比持续上升,到2025年,预计"Z世代"新购车人群占比将超60%,成为汽车市场的消费主力。

而与此前代际不同的是,"Z世代"人群更加注重个性、热爱社交、爱好国潮、擅长使用互联网。对于"Z世代"年轻人而言,短视频与直播已经成为生活的一部分,互联网信息将直接影响他们的喜好以及最终决策,这也就预示着未来的营销环境会以短视频与直播为主要阵地,从而让消费者购车的过程与决策更加顺畅。

3. 汽车短视频平台选择

1)汽车短视频平台

新媒体一触即发,短视频平台即时送达,在当前时代,营销渠道广泛,短视频平台也尽显华章。图4-2列举出目前企业经常使用的一些短视频平台。

图4-2 短视频平台

除了上述平台外,还有微信、淘宝、火山小视频及一些国际小视频平台(YouTube、Facebook、Instagram、Snapchat等)。

2)常用汽车营销短视频平台特征

开通短视频营销账号前,需要了解短视频平台特征及产品所面对的受众群体,从而达到吸引潜在客户的目的。常用短视频平台特征如表4-2所示。

表4-2 常用短视频平台特征

序号	短视频平台名称	短视频平台属性	平台特征
1	抖音平台	短视频社交平台,可使用音乐和特效等	可以下载抖音应用程序,然后使用手机号码、微信或QQ账号进行注册开通抖音账号。注册后,可以通过个人资料页面设置账号信息和关注感兴趣的内容
2	快手平台		可以在应用商店下载快手应用程序,并使用手机号码或第三方账号(如微信、QQ账号)进行注册开通快手账号。注册后,可以创建个人资料和关注感兴趣的创作者或内容
3	小红书平台	社交电商平台	用户可以创建短视频来分享购物心得、美妆技巧和生活方式等内容。可以下载小红书应用程序,并使用手机号码或第三方账号(如微信、QQ账号)进行注册开通小红书账号。然后,可以创建个人资料和兴趣标签,发布短视频内容并参与社交互动

续表

序号	短视频平台名称	短视频平台属性	平台特征
4	抖音火山版	短视频平台,可使用音乐、特效和滤镜等功能	可以下载抖音火山版应用程序,并使用手机号码、微信或QQ账号进行注册开通抖音火山版账号。注册后,可以创建个人资料,关注感兴趣的创作者和内容,以及发布短视频
5	微博平台	微型博客平台	可以下载微博应用程序,并使用手机号码、微信或QQ账号进行注册开通微博账号。注册后,可以创建个人资料,关注感兴趣的内容创作者,并通过短视频功能在动态中展示生活、观点等
6	微信平台	综合性社交媒体平台	要使用微信的短视频功能,需要拥有一个微信账号。登录微信后,可以在朋友圈或群组中发布和分享短视频,并与朋友交流对话
7	淘宝平台	电商平台	要在淘宝上发布短视频,需要拥有一个淘宝商家账号。在淘宝商家平台中,可以上传和发布短视频来展示商品,吸引潜在买家

【实践知识】

不同平台的汽车营销短视频账号的开通流程基本一致,下面以抖音平台短视频账号开通为例介绍汽车短视频账号开通流程。

(1) 在手机桌面打开抖音App,进入抖音登录界面,点击右下角"我"(图4-3)。

(2) 进入页面,点击右上角"☰"(图4-4)。

(3) 进入跳转页面,点击"设置"选项(图4-5)。

(4) 进入"设置"页面后,点击"账号与安全"(图4-6)。

(5) 进入页面(图4-7),可以看到该抖音账号下目前已经有一个账号"有妈的孩子",抖音号为"200011011hd",创建新账号需要点击"切换账号",进入下一页面(图4-8),点击"添加或注册新账号"。

(6) 进入页面(图4-9),点击"创建新账号"。

(7) 进入"选择注册方式"页面(图4-10),分为"新手机号创建"和"当前账号辅助创建"两种情况。

① 新手机号创建具体步骤如下:点击"新手机号创建",跳转至新页面,勾选用户协议和隐私政策选项,输入手机号(图4-11)后点击"验证并登录"。未注册的手机号验证通过后将自动注册。输入验证码,账号自动登录(图4-12)。

图 4-3 抖音登录界面

图 4-4 右上角三条横杠

图 4-5 "设置"选项

图 4-6 "账号与安全"选项

图 4-7 "切换账号"选项

图 4-8 "添加或注册新账号"

② 当前账号辅助创建具体步骤如下：点击"当前账号辅助创建"（图 4-10），跳转至创建新账号页面（图 4-13），系统自动分配新账号，勾选用户协议和隐私政策，点击"保存并使用"，可以更换心仪的头像。

短视频账号开通并登录后，可以进行主页装修、企业蓝 V 认证，主页装修可以充分显示企业规模和服务。

图 4-9 "创建新账号"　　图 4-10 新手机号创建、辅助创建　　图 4-11 输入新手机号页面

图 4-12 输入验证码后自动登录　　图 4-13 创建辅助账号

【巩固训练】

（1）短视频平台有哪些种类？短视频的兴起和发展给你的工作和生活带来哪方面的便利？

（2）对短视频营销的定义进行分析，将表 4-3 中能体现短视频营销特点和优势的词挑选出来，并在后面的空格内打"√"。

表 4-3　短视频营销的特点和优势

序号	特点和优势	是否能体现	序号	特点和优势	是否能体现
1	碎片化客户群体		6	精准营销	
2	互动性弱		7	播放方式个性化	
3	轻松吸引注意力		8	碎片化时代产物	
4	与品牌互动交流		9	新颖时尚	
5	生动直观		10	传播速度快	

【相关链接】

短视频引流获客，企业营销创新引擎

在短视频风靡全球的当下，企业营销迎来了全新的挑战与机遇。短视频引流获客，成为一种"时尚"，为企业营销注入了强大的动力。

近期，一款名为"融媒聚合短视频矩阵引流获客系统"重磅登场，它可以批量混剪短视频，快速生成大量优质且独具特色的短视频内容，满足企业在不同场景下的宣传需求，实现全方位的客户获取，大大拓展了企业的市场覆盖面。"商家爆店营销"功能更是为线下实体店铺提供了高效的引流手段，可迅速提升店铺的知名度和客流量。此外，"视频批量分发"功能能够将企业的宣传视频精准推送至各大主流短视频平台，确保信息广泛传播，触达更多潜在用户，确保数据的准确性和有效性。通过广泛覆盖用户，企业能够有效地降低营销成本，提高营销效率。

【思考练习】

短视频时代浪潮中，制作具有什么特点的短视频，才能快速准确获客？

学习任务 2　制作汽车营销短视频

【工作任务】

作为红旗 4S 店销售人员，经理要求你利用短视频平台，推广本店红旗 H5 车型销售。

1. 任务分析

汽车营销短视频要有品牌特色，结合品牌优势及车型定位进行制作。短视频录制内容要有故事性和生活化案例，通过短视频讲述动人的故事，体现正能量、团队精神等，展示汽车的安全性、速度和智能科技，吸引目标消费者的注意，促使客户憧憬美好生活画面，产生强烈购车欲望。

2. 实践操作

利用短视频平台开展营销活动。

【理论知识】

1. 制作汽车营销短视频的重要性

从目前汽车企业的营销数据看,截至2023年8月底,入驻短视频平台的汽车经销商已经超过4.4万家,短视频发布量大幅度提升,平均每个月可以达到65万条。这样的数据带给销售人员的启示是,要做大做好汽车销售,一定要做好短视频或者直播,其与传统的获客方式相比有着得天独厚的优势(表4-4)。

表4-4 传统获客方式与创新互动获客方式的区别

具体区别	传统获客方式	创新互动获客方式
营销形式	被动式成交	主动式成交
营销手段	在平台上发布一些信息或广告,寻找客户线索	将客户的意向点做成短视频
营销反馈	营销人员对线索客户外呼,经电话邀约,客户到店	通过短视频互动功能,随时对视频内容互动评论,随时互动获客
营销时长	从信息或广告发布到外呼,再到邀约到店,时间漫长	即刻获客,时间短
客户购买意向	客户买车意向减弱,到店后的讲解又削弱了意向	客户购买线索前置化,增强客户购买意向

通过两种获客方式对比可知,制作汽车短视频进行汽车营销是目前汽车行业势在必行的宣传手段。

2. 汽车营销短视频内容方向分类

对于汽车企业、代理商和经销商来说,短视频平台的用户群体规模非常庞大,可以覆盖大量的潜在客户,利用生动有趣的内容形式,吸引用户注意力的同时,短视频平台还可以通过精准的推荐算法,将相关视频推送给潜在客户,进一步提高营销效果和转化率。不同汽车类短视频有不同的内容方向,每一个方向有其本身效用,具体汽车类短视频的内容方向如表4-5所示。

表4-5 汽车营销短视频内容方向分类及效用

序号	内容方向分类	效用
1	汽车测评和试驾视频	展示汽车的性能、驾驶体验、外观设计等,让观众更好地了解汽车产品的特点和优势,还可以引导他们访问官方网站或线下门店,达到引流效果
2	汽车保养知识视频	可以介绍汽车保养的基本知识、维护技巧、常见故障排查方法等内容,帮助观众更好地了解汽车保养和维修方面的知识

续表

序号	内容方向分类	效用
3	汽车故事和传奇人物视频	通过讲述汽车历史、传奇人物故事等,让观众感受到汽车文化的魅力,增强品牌影响力
4	汽车小贴士和实用技巧视频	分享一些实用的小贴士和技巧,如购车攻略、开车技巧、行车安全注意事项等,让观众在日常生活中更加方便和安全地使用汽车
5	互动性营销活动视频	利用平台的互动性,制作有奖竞猜视频,邀请用户猜车型、猜性能等参加各种有趣的互动营销活动,吸引用户参与互动,增加用户的黏性和忠诚度
6	汽车展示和展览视频	这种类型的短视频可以展示汽车展览、新车上市等活动,让观众更好地了解最新的汽车产品和趋势

3. 汽车营销短视频的定位

1)汽车营销短视频内容定位

汽车营销短视频必然要围绕汽车产品的客群画像进行内容拍摄。客群画像就是相应品牌汽车的购买群体。例如,房车单价一般是30万~40万,经过总结分析,有三类人群可能会买:一类是退休人群,房车提供退休人群的生活方式;第二类是喜欢摄影的人群,是爱好的驱动;第三类是喜欢营造氛围感的年轻人。以上三类人群就称为客群画像,拍摄内容就要围绕这些人的美好生活进行。如丰田的《让爱传递》、宝马的 *The Escape* 和奥迪的 *The Comeback* 等汽车短视频,都展示了如何通过短视频讲述动人的故事,展示汽车的安全性、速度和智能科技,从而吸引目标消费者的注意。

2)汽车营销短视频人设定位

制作汽车营销短视频,要寻找自身优势与用户喜好的最优匹配。市面上大部分汽车类账号都有人格化的"IP"(个人品牌),例如虎某说车,原型是中国问题车展创始人,且有主持人经验。真人出镜会让人更加信服,强化个人身份,也更容易让用户记住。选车类的内容有很强的导购性,注重车辆卖点的介绍,通过性能测试、功能讲解和驾驶体验等内容引导客户的购买决策。

3)汽车营销短视频商业定位

汽车营销短视频是垂直门槛较高的内容类别,据官方数据,汽车短视频内容播放量目前超过了10%,抖音汽车类目的视频日均播放量在2021年就已经超过6亿,截至2024年已超10亿,每天给汽车类视频点赞用户有3000万左右。保持持续输出的内容,建立权威性的人设,有利于账号的商业变现。另外视频号和快手日播量也不容小觑。

4. 汽车营销短视频脚本设计

1)脚本的分类

不同类型脚本具有不同特点,汽车营销短视频脚本主要分为如下几类(表4-6)。

表 4-6　汽车营销短视频脚本分类及特点

序号	类型	特点
1	剧情类	需要有健全的策划、编导、剪辑、拍摄团队,对整体的要求高
2	口播类	主要是技能知识的讲解,一个人就可以完成,相对适合基础团队。视频内容应当简洁明了,尽量以用户关注的内容为主
3	展示类	展示或分享自己的商品和服务等。两人左右的基础团队就可以完成,且不区分行业
4	客户互动类	特点是实用有趣。比如说,在店内现场互动中讲解汽车,或与用户进行互动性的介绍

2）制作汽车营销短视频脚本技巧

（1）要统一风格。

在如今的短视频时代中,固定的时间和内容输出模式,非常容易让粉丝养成观看的习惯。创作中应形成自己的风格。

（2）矛盾前置。

短视频和传统视频的主要区别在于进入场景快,只有抓住视频前面的黄金 5 秒,才有后续进展,因为用户的观看兴趣往往是前面几秒。所以在创作中将矛盾前置,是创作的要点,不然故事情节再好,用户没有停留,创作的意义也不大。

（3）设置冲突。

也就是常说的"反转",冲突反转越大,故事剧情越精彩,短视频中设置多个反转可以更加吸引用户的注意力。

（4）设置"槽点"。

"槽点"是希望粉丝互动吐槽的点。在短视频作品中设置"槽点",有利于激发粉丝的互动,提升粉丝信任感,使作品更快上热门,同时建议多用反问的形式。

掌握了以上几个创作要点,就可以慢慢形成自己的风格和标签,强化脚本构架中的标签,争取更多的精准流量,对后续账号推广、转化率提升有很大的帮助。

5. 制作汽车营销短视频常用工具

针对拍摄和剪辑,制作汽车营销短视频的常用工具包括巨量创意工具、剪映等。巨量创意工具推出了一款商用视频素材库,支持在巨量引擎广泛的广告体系中投放,无版权风险,没有任何素材也能剪辑视频。剪映会智能更新抖音的热门音乐,音乐可直接复制链接,在剪映中使用,剪映自身也有教程,可快速学会剪辑视频。

【实践知识】

运营短视频账号,需要制作汽车营销短视频,初学者制作短视频的一般流程是:确定目标受众、明确视频主题、制订拍摄计划、进行视频剪辑、包装背景音乐和文字特效,最后发布到社交媒体平台。具体流程及做法如表 4-7 所示。

表 4-7 制作视频流程及具体做法

序号	流程	具体做法
1	明确目标受众	确定汽车短视频营销的目标是什么,例如增加品牌知名度、推广特定车型或服务等。同时,确定目标受众是谁,便于根据他们的喜好和需求来制作视频
2	编写剧本和制定故事线	根据目标受众,编写一个有吸引力的剧本,并制定一个清晰的故事线。确保视频内容能够生动地展示汽车的特点、优势,并引起受众的兴趣
3	准备拍摄设备和素材	根据预算和需求,准备好适合的摄像设备,如手机、摄像机等,并确保拥有足够的摄影和音频素材来完成视频制作
4	拍摄和录制素材	根据剧本和故事线,使用摄像设备拍摄汽车外观、内饰、驾驶场景等,同时录制相关的声音效果或背景音乐
5	编辑视频	使用专业的视频编辑软件,将拍摄的素材剪辑成一个完整的短视频。在编辑过程中,可以添加文字说明、特效、过渡效果等,以增加视频的吸引力和信息传递效果
6	调整长度和格式	根据不同平台的要求,调整视频的长度和格式,以适应不同的播放场景和需求。确保视频的质量和清晰度,同时适应移动设备
7	添加品牌标识和联系方式	在短视频中添加品牌标识,如徽标、宣传语等,以加强品牌的识别和记忆。同时,提供联系方式,如网站、社交媒体账号等,便于观众获取更多信息或参与互动
8	发布和宣传	将制作完成的汽车营销短视频发布到平台上,并利用其他营销渠道进行宣传,如社交媒体、网站、博客等。鼓励观众进行点赞、评论和分享,加强视频的曝光和传播

【巩固训练】

(1)你有过制作短视频的成功案例吗?主要发表在哪个平台上?为什么选择该平台?

(2)针对汽车营销短视频制作,请你以汽车销售人员的身份,设计一份短视频制作方案。具体形式如表4-8所示。

表 4-8 汽车营销短视频制作方案

序号	事项	具体设计安排实施
1	分析目标受众	
2	设计脚本内容	
3	选择拍摄设备并准备素材	
4	拍摄和录制素材(汽车产品、情景画面、音效)	
5	编辑视频(使用编辑软件、添加文字说明、使用特效等)	

续表

序号	事项	具体设计安排实施
6	调整视频长度和格式(不超过60秒)	
7	添加品牌标识和联系方式	
8	发表和宣传平台	

【相关链接】

短视频制作小窍门

现在自媒体短视频特别火,花样也越来越多,而其中最吸引人眼球的就是特效啦！如何提升特效效果,下面介绍几个小窍门。

1. 滤镜

滤镜就是用来加颜色的,让视频看起来更鲜艳,像电影一样好看。

2. 关键帧

这个能让短视频随着时间变化,如移动速度、位置、透明度、颜色等都能变化。比如,想让画面晃来晃去或缩小放大,添加关键帧就能实现。还有视频颜色渐变、声音大小随之变化,这些效果都是通过关键帧实现的。

3. 文字

文字很关键,加些字幕、背景音乐,能让视频更好看。

4. 粒子

这可是超级炫酷的特效！通过它可以让短视频更吸引人眼球。

【思考练习】

请思考短视频在当今消费模式上的效用。你还知道哪些制作短视频的小窍门？

学习任务3　实施短视频营销活动

【工作任务】

假设你是红旗汽车4S店的销售人员,销售经理给你分配一项新任务:现有一已开通的短视频账号,由你负责实施短视频营销活动。请问你应该如何来实施？

1. 任务分析

利用短视频进行营销已然成为当前汽车行业营销的重要趋势和方向之一,作为新兴的数字营销方式,汽车企业、代理商和经销商都在不断创新与学习,目的就是提升品牌知名度,成功"引流吸粉",实现流量变现,提升转化率,从而达到促进销售的目的。

2. 实践操作

进行短视频平台运营。

【理论知识】

自媒体时代,汽车短视频营销对汽车厂商发展的重要性和巨大潜力越来越明显,实施短视频营销活动,是所有汽车企业重视和潜心研究的营销方式。

1. 实施短视频营销活动规则

首先,遵守平台逻辑。每个平台都有自己的特点和规则,在进行短视频营销活动时,应遵循所选平台的逻辑,如表4-9所示。各个平台都有要求,拒绝录播、抄袭,目的是保证原创者的权益。但是支持翻拍和二次创作项目,简单易上手,促进短视频营销发展。

表4-9 平台逻辑要求及实施举措

序号	逻辑要求维度	实施举措
1	健康度	注重粉丝对视频的满意程度,要求视频制作少搬抄多原创
2	活跃度	推荐2~3天更新一次,粉丝要具有活跃度,如粉丝对账号、视频频繁转发、点赞及评论等
3	垂直度	第一标签:创作者身份设定为第一创作标签,符合品牌理念及品牌形象。内容标签养成:根据作品的标签和内容,给创作者定位相应标签
4	互动度	账号与粉丝互动多、评论多并有回复

其次,获取自然流量。平台会统计自然流量,但其对商业流量只起到锦上添花的作用,用于流量瓶颈、突破流量层级、起号等,承接力越大,自然流量就越大。

最后,做好内容运营。只有正能量、积极向上、内容优质的短视频才会被推荐、转发、点赞。因此做好内容运营,第一要求就是在短视频平台上发布有创意、有价值的视频内容,通过吸引用户关注和分享来达到品牌宣传、产品推广等目的,让用户在观看视频的过程中被吸引并产生购买意向。相比传统的文字和图片广告,短视频更具有吸引力和互动性。在快节奏的现代社会中,人们往往没有太多时间阅读长篇文章或观看枯燥的产品介绍视频。而短视频则可以通过生动有趣的画面和简洁明了的语言迅速吸引用户的注意力,让他们更容易理解和接受品牌信息。

2. 实施短视频营销活动方法

汽车厂商可以通过短视频展示汽车的性能、设计、品质等优势,同时借助网络平台的互动性,与消费者进行深度互动。这种营销方式不仅可提高汽车品牌的曝光度,还可以有效地吸引潜在客户的关注,促进销售。可以通过创意、视觉效果和故事化的手法,将汽车打造成充满个性和情感的形象。这种营销策略使得消费者在欣赏短视频的同时,对汽车品牌产生好感,进而产生购买意愿。随着人们对短视频需求的不断提高,汽车行业短视频营销方法更加多样化和个性化,企业不断提高制作质量和创意水平,了解受众需求和心理需求,为企业带来更多的商业机会和更大的市场竞争力。

总之,汽车企业使用短视频进行营销的方式很多,但不管使用哪种方式,都要合理恰当。表4-10对短视频营销的不同方式进行解读,并详细描述使用注意事项,为企业能够合理选择和应用适合的营销方式提供借鉴。

表4-10 短视频营销方式及使用注意事项

序号	营销方式	方式解读	注意事项
1	短视频平台推广	通过在短视频平台上发布有趣、有吸引力的短视频,吸引更多用户关注和观看,从而扩大品牌知名度和影响力	1.选择合适的平台:根据目标受众和行业特点选择合适的短视频平台,如抖音、快手等。 2.制作高质量的视频:制作有趣、有吸引力的短视频,以吸引更多的用户观看和分享。 3.利用社交媒体推广:通过社交媒体分享短视频,扩大传播范围,吸引更多的用户观看
2	短视频广告投放	通过在短视频平台上投放广告来宣传汽车品牌或产品	1.选择合适的广告形式:根据目标受众和行业特点选择合适的广告形式,如在弹出窗口、网页顶部、网页底部等位置设置广告。 2.制作有吸引力的广告内容:制作有趣、有吸引力的广告内容,以吸引更多的用户点击和观看。 3.确定合理的广告预算:根据品牌或产品的实际情况确定合理的广告预算,以达到最佳的宣传效果
3	短视频KOL合作	短视频KOL(key opinion leader,关键意见领袖)是指在短视频平台上拥有大量粉丝和影响力的意见领袖。通过与短视频KOL合作,扩大品牌或产品的知名度和影响力,提高用户转化率	1.选择合适的KOL:根据品牌或产品的特点选择合适的KOL,以吸引更多的用户关注和观看。 2.制定合作方案:与KOL协商制定合作方案,确定宣传内容和宣传周期等细节。 3.利用KOL的影响力:通过KOL的影响力,扩大品牌或产品的曝光度和口碑,提高用户转化率
4	短视频直播营销	通过在短视频平台上直播销售产品或服务来提高销售转化率	1.选择合适的主播:选择经验丰富、形象气质佳的主播进行直播销售,以提高用户的信任度和购买意愿。 2.制作有吸引力的直播内容:制作有趣、实用、符合品牌或产品特点的直播内容,以吸引更多用户观看和购买。 3.提高销售转化率:在直播过程中注重引导用户购买,提供优惠活动和礼品等福利,以提高用户的购买转化率

续表

序号	营销方式	方式解读	注意事项
5	短视频内容营销	通过制作有趣、有吸引力的短视频来吸引用户关注和观看	1.确定目标受众：根据品牌或产品的特点确定目标受众，制作符合目标受众喜好的短视频内容。 2.制作高质量的短视频内容：制作有趣、有吸引力的短视频内容，以提高用户的观看体验和分享率。 3.利用社交媒体推广：通过社交媒体分享短视频内容，扩大传播范围，吸引更多的用户观看和分享

3.实施短视频营销活动技巧

(1)高质量制作：视频质量对吸引观众非常重要。使用高质量的图像、清晰的音频和专业的编辑技巧来提升视频质量。

(2)紧跟趋势：关注和利用当前流行的话题或音乐。这些元素能帮助视频更快地被观众注意到。

(3)互动与参与：例如通过问答、投票、评论互动或创建挑战活动来鼓励观众参与。这不仅可增加观众的参与度，还能提升视频在平台上的表现。

(4)与 KOL 和网红合作：与知名度高、受众广的 KOL 或网红合作，利用他们的影响力和粉丝基础来提升内容的曝光率。

(5)定位精准的广告投放：利用平台的广告系统进行精准定位，将内容推送给目标受众。

(6)优化发布时间：分析并选择最佳的发布时间，确保在目标受众最活跃的时段发布内容。

(7)跨平台宣传：短视频发布要兼顾其他社交媒体宣传平台，增加短视频内容多渠道曝光。

(8)数据分析和调整：利用数据分析工具监控视频表现，根据反馈调整内容和策略。

(9)与执行供应商合作：执行供应商有南京科扬之星软件技术有限公司等，它们专注于各短视频平台的数字营销推广，掌握更多的资源，执行经验更丰富，操作流程更简洁，与它们合作，能更好实现汽车营销的效果。

总结看来，短视频营销已经成为汽车行业不可或缺的营销方式，汽车行业短视频作为重要的营销手段和工具，将会逐渐升级和完善，企业也应不断学习，掌握新技术手段和运营策略，满足消费者日益增长的需求和期望。

【实践知识】

一个成功账号的产出，需要一个团队付出诸多心血，成功并非偶然，但自媒体时代的成功依然可以被复刻然后创新,需要从生活中发现,精心雕琢。

短视频账号运营四步:

第一步,以宣传为导向,账号运营初期,要求不要太高,搭建的账号要功能齐全。比如对页面进行装修时,要展示企业经营范围、规模、特色服务等;初期目标就是以宣传为导向,塑造汽车企业的品牌形象和价值观。

第二步,以高流量为导向,对流量的追逐是必不可少的,账号的权重定位就是其所触及的高度和承载力。那么如何引流呢?下面给出具体的案例场景及建议。

(1) 新车发布活动。

假设汽车公司即将发布一款新车型,可以在发布前通过社交媒体宣传预告片进行预热,然后,在发布当天,制作一系列关于新车的短视频,包括外观展示、内部配置、性能介绍等,以吸引更多用户关注。在发布活动过程中设置短期的促销优惠,吸引用户参与,增加活动曝光度和转化率。

(2) 试驾体验分享。

邀请汽车达人或行业 KOL 前往试驾汽车,并要求他们拍摄试驾体验的短视频。这些视频可以展示驾驶感受、车辆性能等,通过他们的影响力和粉丝基础,将这些视频推广出去,吸引更多潜在客户了解汽车产品。

(3) 车展报道和互动。

参加汽车展览或展销活动,利用短视频直播的方式进行报道和互动。展示展位布置、展出车型,并邀请观众参与互动,例如提出问题、进行抽奖等,增加用户参与度和关注度。

(4) 用户故事分享。

鼓励保有用户分享自己的故事和体验。可以邀请一些用户到展厅或活动现场,拍摄他们的故事短视频,并分享他们的购车动机、使用感受等。这种用户分享的真实案例能够增加产品的信任度和吸引力。

(5) 与汽车爱好者社区合作。

找到一些汽车爱好者社区或论坛,在这些平台上发布与汽车相关的短视频,并与社区成员进行互动和讨论。在视频中提出问题或引发话题,吸引更多爱好者参与讨论,从而增加视频的曝光度和传播效果。

(6) 限时抢购活动。

推出一款新车型或提供特定车型的限时优惠。可制作短视频揭露优惠细节,强调限时和独家优惠,引起紧迫感。视频中可以展示车辆亮点,并提供明确的号召行动,比如"立即预订"或"了解更多",创造紧迫感,促使观众立即行动,从而提高转化率和流量。

(7) 跨界合作。

与非汽车品牌合作,比如时尚、科技或旅游品牌,共同制作系列短视频,以展示车辆在不同生活场景中的应用,如旅游出行、科技生活等,从而扩大潜在观众群规模。这些视频应强调汽车如何融入并提升目标合作品牌的生活方式,通过合作伙伴的粉丝群体增加曝光度,吸引更多潜在买家。

(8)用户生成内容(UGC)挑战。

策划一个主题挑战活动,邀请用户创建与汽车品牌相关的短视频。为挑战设定具体主题,如"我的旅行伙伴""汽车生活小技巧"等。鼓励用户分享他们的汽车故事或如何利用汽车改善生活。提供奖品或其他激励措施以增加参与度,通过用户的个人网络扩散,自然而然地增加品牌的可见度和互动性,同时收集高质量的用户生成内容进行品牌推广。

(9)专题知识分享。

围绕汽车保养、汽车科技等主题分享系列教育性内容,可制作高质量、信息丰富的短视频,提供实用建议或深入解析新技术,利用专业知识建立品牌权威性,从而吸引对汽车保养和科技感兴趣的观众,提高品牌信任度和忠诚度。

(10)后期编辑的创意展示。

利用创意和幽默元素制作汽车展示视频,比如改编流行歌曲或电影场景;结合流行文化元素,制作既有趣又信息量大的视频,展示汽车的独特卖点。通过娱乐化的内容吸引更广泛的观众,提高分享和互动率,增加流量。

(11)虚拟试驾体验。

利用虚拟现实(VR)技术,提供虚拟试驾体验。创建一系列短视频,展示如何通过智能手机或特定应用体验虚拟试驾,强调用户可以在任何地点、任何时间,体验驾驶新车型的感觉。鼓励用户下载应用或访问网站,体验虚拟试驾,通过新颖的技术体验吸引技术爱好者和年轻消费者,提高品牌的现代感和创新意识。

(12)影响者和名人代言。

与知名度高的影响者或名人合作,推广汽车品牌。选择与品牌形象相符的影响者或名人,制作短视频展示他们使用或推荐汽车的场景。这可以是日常使用的分享,也可以是特别策划的旅行日志、挑战等。利用代言人的粉丝基础和影响力,扩大品牌曝光度,增加品牌的吸引力和信任度。

(13)环保和可持续发展主题。

强调汽车的环保特性或公司的可持续发展措施。可制作短视频展示汽车的环保技术、能效比例或公司的环保行动,强调减少碳足迹和环保驾驶的重要性,以及品牌方在可持续发展方面的努力和承诺,吸引对环保高度关注的消费者,提高品牌形象,展示品牌的社会责任感。

(14)后续服务和客户关怀。

展示售后服务和客户关怀计划。制作短视频介绍汽车品牌提供的独特服务,如定期维护、24小时客户服务、应急救援等,展示真实客户的积极反馈和感谢信,强调品牌对客户满意度的重视。通过突出优质的客户服务,提升潜在客户的信心和品牌忠诚度。

(15)车主生活方式。

展示拥有该品牌汽车的生活方式和社群文化。通过短视频展示车主如何在日常生活中使用汽车,包括家庭旅行、周末冒险等,强调汽车是如何满足不同生活需求,提升生活质量的。构建一种理想的、与品牌相关的生活方式图景,吸引那些寻求类似生活方式的潜在客户。通过这些进阶的策略和场景案例,汽车营销短视频能够更加深入地触及潜在客户的需求和喜好,实现引流和提升流量的目标。

第三步,以转化率为导向。

遵循底层逻辑,不断夯实基础,扩大精准粉丝规模,提供优质内容,转化率越高,被分发的流量越优质。

第四步,以结果为导向。

通过短视频吸引客户,增强客户的购买需求及购买欲望,将线上转为线下,精准营销,促进销售成功。

【巩固训练】

(1)请同学们讨论分享,短视频平台上有哪些吸粉提高流量的方法。如果你是一个产品的运营总监,如何将短视频平台的粉丝转化为积极的购买者,请将成果分享在表4-11。

表 4-11 汽车短视频账号运营方案设计

序号	事项	具体设计实施
1	短视频平台上提高流量	
2	你是如何运营短视频账号的	

(2)请推荐你熟悉并运营成功的短视频平台,并简要说明该平台如何实现吸粉提升流量?对你的启示是什么?

【相关链接】

快速提升短视频运营效果五大技巧

短视频作为当下最热门的内容形式之一,已成为促进品牌传播和用户增长的重要手段。快速掌握短视频运营五大技巧,有助于充分发挥短视频运营价值。

1. 开头内容创作

有吸引力的开头是成功的关键。短视频的特点是信息高效传递,而用户注意力最集中的时间只有短短3秒,因此开头的吸引力决定了视频的成败。好的短视频开头注意要"抛出悬念、抓住情绪、直击痛点"。

2. 热点跟进

在短视频平台上,热点内容是吸引流量的重要抓手。一个成功的短视频运营者必须学会借势热点,将自己的内容与平台当前最火的话题结合。热点跟进要注意"关注平台热门话题、快速反应、结合品牌特点跟进"。

3. 用户互动

短视频不仅是内容输出的工具,更是与用户互动的重要桥梁。通过有效的互动,运营者可以增加粉丝黏性,提升视频的热度和推荐权重。用户互动要注意"评论区互动、发起互动活动、利用直播增强互动"。

4. 数据分析

数据是短视频运营中的指南针,通过分析数据,可以明确内容的优劣势,并据此调整策略。数据分析时要注意"播放量、完播率、互动率"等。

5. 遵循平台规则

短视频平台的推荐机制基于算法,而算法的核心是用户行为数据和内容合规性。因此,遵循平台规则是提升运营效果的基础。平台规则主要包括"内容合规、关键词优化、保持更新频率"。

【思考练习】

如果让你运营短视频,你还有哪些优化方法?具体谈谈还有哪些短视频运营心得。

学习任务4 分析汽车短视频营销效果

【工作任务】

假设你是红旗汽车4S店的销售人员,已经进行了一段时间的短视频账号运营,现在需要你进行汽车短视频营销效果分析,请问你应该从哪些方面入手?

1. 任务分析

汽车短视频平台的运营效果涉及方方面面的因素,通过短视频平台相关数据的反馈和分析及方式方法的改进,能够吸引越来越多的受众,提升平台流量,促进转化率提升,精准找到更多有效客户。如何运营短视频账号,宣传品牌及产品,提升认知度和品牌忠诚度,增加客户黏性,促进成功销售,是值得思考的问题。

在本次任务中,我们将了解汽车短视频营销效果的影响因素,了解从哪些方面入手进行效果分析及改进,将运营账号做好、做大、做强。

2. 实践操作

分析汽车短视频营销效果。

【理论知识】

1. 影响汽车短视频营销效果的因素

1)短视频的内容质量与创意

为了更好地吸引受众的注意力,短视频的内容质量与创意主要从如下三方面考虑。

(1)吸引力与相关性。

对于汽车品牌来说,短视频内容需要紧密结合汽车的特点和目标消费者的兴趣点。例如,如果目标受众对汽车性能非常感兴趣,那么短视频可以重点展示汽车的动力系统、操控性能等。此外,将热门话题或趋势作为切入点,可以提高内容的吸引力和共鸣度。

(2)创意表现。

创意表现不仅是讲一个好故事,更在于如何用独特的视角和表达方式来讲述这个故事。例如,通过VR技术展示360度视角的汽车内饰,或者用无人机拍摄汽车在壮丽景色中驰骋的画面,都能让人眼前一亮。

(3)视频质量。

视频质量直接影响观众的观看体验。高清晰度的画面、流畅的剪辑以及清晰的音频是基本要求。在此基础上,合理的视角切换、动感的背景音乐和专业的色彩调校能进一步提升视频的专业程度和吸引力。

2)目标受众的定位

短视频制作与投放紧紧贴近受众群体,才能提升观看率及互动率,受众群体定位主要从如下两方面考虑。

(1)受众群体分析。

深入了解目标受众的年龄、性别、收入水平、兴趣爱好等信息,有助于制作更加贴合受众需求的内容。例如,年轻消费者可能更关注汽车的科技配置和外观设计,而成熟消费者可能更加关心汽车的安全性能和舒适度。

(2)个性化内容。

根据不同受众群体的特征定制内容,可以显著提高观看率和互动率。例如,对于追求高性能汽车的受众,可以制作涵盖极限驾驶体验的短视频;而对于家用车的潜在买家,则可以重点介绍汽车的空间、安全性能和经济性。

3)渠道的选择与优化

根据受众特点,选择受众喜欢和有时间观看的平台。

(1)平台匹配。

不同的社交平台有不同的受众特点和内容偏好。选择最适合汽车品牌和目标受众特征的平台是关键。例如,如果目标受众是年轻人,那么抖音或许是合适的选择。

(2)发布时间。

分析和确定目标受众在社交平台上的活跃时段,并在这些时段发布短视频,可以有效提高视频的曝光度和观看率。

4)互动与参与度

(1)评论互动。

积极响应观众评论,不仅可以提升受众的参与感,还可以收集宝贵的反馈信息。举办问答、投票或者小游戏等互动环节,能够进一步增强观众的参与度。

(2)活动促销。

通过短视频发布限时优惠、试驾活动等信息,可以刺激消费者的购买欲望,提高转化率。确保这些活动与视频内容紧密相关,以避免给观众造成困扰。

5)数据的分析与优化

(1)效果跟踪。

利用各种数据分析工具,定期跟踪视频的观看量、点赞量、分享量、评论量等关键指标,可以帮助品牌及时了解营销效果。

（2）持续优化。

基于数据分析的结果,不断调整内容策略、发布时间、互动方式等,以实现最佳的营销效果。例如,如果发现某一类型的视频特别受欢迎,则可以考虑制作更多类似的内容。

6）品牌形象一致性

（1）品牌调性。

确保所有的短视频内容都与品牌的整体形象和价值观保持一致,这样有助于建立和维护长期的品牌形象。

（2）故事连贯性。

通过系列化的短视频内容讲述品牌故事,不仅可以增强内容的吸引力,还有助于加深受众对品牌的记忆度和认同感。

总之,汽车短视频营销是一个复杂而细致的过程,需要品牌在策略制定、内容创作、渠道选择、互动管理等多个方面进行精细化管理。只有不断尝试和优化,才能在竞争激烈的市场中脱颖而出。

2. 分析汽车短视频营销效果维度

要全面分析汽车短视频的营销效果,需要从多个维度收集数据,评估指标,并结合具体证明依据来判断营销活动的成效。

1）关键性能指标

关键性能指标主要有观看量、观看完成率、点赞量、分享量、评论量及转化率,具体情况如表 4-12 所示。

表 4-12 关键性能指标内容及证明依据

序号	指标	内容及证明依据
1	观看量	内容:视频被观看的次数。 证明依据:视频平台提供的数据统计,反映视频的曝光度和受众覆盖范围
2	观看完成率	内容:观看视频到达末尾的用户的比例。 证明依据:平台分析工具,显示用户对视频内容的兴趣程度和内容质量
3	点赞量、分享量、评论量	内容:观众与视频的互动行为,包括点赞、分享给他人和发表评论。 证明依据:社交平台或视频平台的统计数据,反映观众的参与度和视频内容的受欢迎程度
4	转化率	内容:观看视频后采取特定行动(如访问网站、预约试驾、实际购买等)的用户的比例。 证明依据:通过设置跟踪代码(如 UTM 参数)监测用户行为,点击链接和完成目标行动的用户数量

2）品牌影响力指标

品牌影响力指标主要体现在目标受众对品牌的搜索量、对品牌在认知度等方面的变化,具体情况如表 4-13 所示。

表 4-13　品牌影响力指标内容及证明依据

序号	指标	内容及证明依据
1	品牌搜索量	内容:视频发布后,品牌或特定汽车型号的在线搜索频次。 证明依据:搜索引擎提供的趋势分析工具(如 Google Trends)和网站流量分析工具
2	品牌认知度变化	内容:受众对品牌的认知度、记忆度的变化。 证明依据:通过前后对比调研、问卷等方式收集的受众反馈数据

3）社会媒体提及量

社会媒体提及量能够反映品牌或者产品的认知度和认可度,在内容和证明数据方面的具体体现如下。

内容:在各大社交媒体上品牌或产品被提及的次数。

证明依据:社交监听工具追踪和分析品牌或产品被提及的情况。

4）销售和商业转化

汽车短视频营销主要为了宣传品牌、提高流量及提升转化率,从而促进汽车销售,短视频营销前后销售数据、试驾量等方面的分析结果能反映短视频实施成效,具体如表 4-14 所示。

表 4-14　销售与商业转化指标内容及证明依据

序号	指标	内容及证明依据
1	销售数据	内容:短视频营销活动前后的销售量变化。 证明依据:公司内部销售数据,营销活动前后的销量变化对比
2	预约试驾数量	内容:受众对品牌的认知度、记忆度的变化。 证明依据:通过前后对比调研、问卷等方式收集的受众反馈数据
3	客户获取成本	内容:获取每位新客户所花费的平均成本。 证明依据:将整个营销活动的成本除以在此期间获得的新客户数所得结果

5）受众反馈与社区参与

该项关键指标主要体现在受众满意度及社区活跃度两个方面,如表 4-15 所示。

表 4-15　受众反馈与社区参与指标内容及证明依据

序号	指标	内容及证明依据
1	受众满意度	内容:观众对视频内容满意度的主观评价。 证明依据:通过在线调研、问卷调查收集的直接反馈信息
2	社区活跃度	内容:围绕品牌或视频内容建立的社区活跃情况,包括讨论热度、用户产生内容(UGC)数量等。 证明依据:社交媒体分析工具和社区平台的统计数据

总之,要有效评估汽车短视频的营销效果,需要将上述定量数据与定性反馈结合起来分析。例如,高观看量和低转化率可能表明内容吸引人但未能有效激发购买行为。此时,需要进一步分析观众的反馈和行为数据,调整内容策略或营销信息。

【实践知识】

开展汽车短视频营销效果分析,不仅要掌握评估流程,还要学会根据分析得到的指标数据及时调整营销策略,优化短视频内容,实现更好的营销效果。

1. 汽车短视频营销效果的评估流程

步骤一:定义目标和关键绩效指标。

在开始之前,明确营销活动的目标是至关重要的,例如提高品牌知名度、增加产品销量、提升用户参与度等。每个目标都应该对应相应的关键性能指标以便于量化评估效果。

步骤二:搭建数据收集和分析框架。

使用工具和平台来搭建数据收集和分析的框架,确保能够跟踪到每个关键指标的数据。

步骤三:进行持续的数据收集和分析。

定期收集数据,并使用统计和数据分析方法来处理数据,以便能够提供实时的营销效果反馈。

步骤四:评估和调整。

根据收集到的数据和分析结果,评估营销活动的效果,并根据需要进行调整以优化营销策略。

为了方便展示和分析数据,可以创建类似表 4-16 至表 4-23 的几种类型的统计表格。

表 4-16 观看数据统计

日期	观看次数	完成率	平均观看时长
2024-03-01	10000	75%	2 分 30 秒
2024-03-02	12500	80%	2 分 45 秒
...	...	...	...

表 4-17 互动数据统计

日期	点赞量	评论量	分享量
2024-03-01	500	200	150
2024-03-02	600	250	180
...	...	...	...

表 4-18 转化率统计

日期	视频观看后网站访问量	预约试驾量	销售转化量
2024-03-01	1000	50	10
2024-03-02	1200	60	12
…	…	…	…

表 4-19 品牌影响力统计

日期	品牌搜索量	社会媒体提及量
2024-03-01	5000	300
2024-03-02	5500	350
…	…	…

表 4-20 受众细分市场分析统计

受众群体	观看次数	完成率	转化率	平均观看时长
18~24 岁	4000	80%	3%	3 分 00 秒
25~34 岁	5000	75%	5%	2 分 45 秒
35~44 岁	3000	70%	7%	2 分 30 秒
…	…	…	…	…

表 4-21 内容主题分析统计

视频主题	观看次数	完成率	点赞量	转化率
新车发布	15000	80%	1000	4%
安全性能	10000	85%	800	5%
用户体验	8000	75%	600	3%
…	…	…	…	…

表 4-22 投放时间和频道效果分析统计

投放时间	投放平台	观看次数	完成率	转化率
周末	YouTube	12000	78%	4%
工作日	Instagram	9000	75%	3.5%
早高峰	TikTok	10000	80%	3%
…	…	…	…	…

表 4-23 竞品对比分析统计

指标	本品牌	竞品 A	竞品 B
观看次数	20000	18000	22000
完成率	80%	76%	82%
点赞量	1000	900	1100
转化率	4%	3.5%	4.5%

通过这些详细的表格分析结果,品牌方可以获得关于汽车短视频营销效果的深入洞察结果,进而可以更有效地规划和优化其营销策略。

2. 汽车短视频营销效果分析数据优化及策略调整

通过多维度数据分析,汽车品牌可以全面评估其短视频营销的效果,探讨数据反映的现象,从而做出决策,优化营销策略和方法。汽车短视频营销效果分析数据优化及策略调整如表 4-24 所示。

表 4-24 汽车短视频营销效果分析数据优化及策略调整

序号	关键指标	指标维度	策略调整
1	观看数据分析	观看次数:就像是多少人走进了店里一样。这个数字大,则意味着视频很吸引人 完成率:就像客人在店里逛得有多仔细。高完成率说明客人不仅进来了,还停留了很久,喜欢你的内容 平均观看时长:这个指标就像客人在你店里平均待了多久。时间越长,说明他们越感兴趣	创作更多人们喜欢看的内容,确保视频一开始就能吸引人,内容要有趣,让人们想一直看到最后
2	互动数据分析	点赞量、评论量、分享量:这些就像客人对你的商品点头、跟你聊天或者推荐给朋友。高互动率表示大家不仅看你的视频,还愿意参与进来	鼓励观众参与,比如提问、发起话题讨论,或者创建可以让观众参与的挑战和活动
3	转化率分析	转化率:就像最后有多少进店的人买了东西。如果视频发布后有人访问网站或买产品,那就代表转化率高	明确告诉观众下一步要做什么,比如访问网站、预约试驾或购买产品。确保这一过程简单明了,不要让人迷惑
4	品牌影响力分析	品牌搜索量、社交媒体提及量:影响力大就像越来越多的人知道你的店,并且跟别人提起	制作有品牌标识的内容,让人记住你,同时创作一些值得分享的内容,鼓励口碑传播

续表

序号	关键指标	指标维度	策略调整
5	受众细分分析	不同群体的反应：了解哪部分人喜欢你的视频，就像知道哪些客人更可能买你的产品	针对那些感兴趣的人群制作内容，确保内容对他们有吸引力，解决他们的问题或满足他们的需求
6	内容效果分析	哪种内容最受欢迎：确定哪种类型的视频让人最喜欢、最愿意参与或最有可能购买	制作更多人们喜欢的视频，无论是教学、娱乐还是情感驱动的内容
7	渠道和投放时间分析	哪个平台、哪个时间段投放最有效：就像知道在哪个商场开店和在什么时间做促销最能吸引顾客	在最能吸引观众的平台和时间发布视频
8	竞品分析	与竞争对手比较：看看相比竞争对手，你的表现如何	从竞争对手那里学习，看看他们做得好的地方在哪里，同时找出独特的地方来吸引观众

无论是短视频营销人员还是企业，都可以有效地使用短视频这个工具，吸引更多观众，提高品牌知名度，增加销售和粉丝数目。

【巩固训练】

（1）请对在运营账号进行短视频营销实施效果评估，评估关键指标及具体数据，将结果填入表4-25。

表4-25　汽车短视频营销效果评估指标及证明数据

序号	关键指标	证明数据
1		
2		
3		
…		

（2）请根据上述关键指标评估数据，分析每一个数据反映了什么现象。你作为一名短视频营销人员，应该采取哪些策略，促进汽车产品、订单、粉丝数目的增加，从而完成销售任务目标。

【相关链接】

让"短视频"激活"大时代"

"南方小土豆"勇闯哈尔滨，贵州"村超"，"天津大爷跳水"展现中国精气神……近年来，越来越多的短视频"火爆出圈"，凭借其直观、生动、有趣的特点，成为新媒体传播的主要方式。

据中国互联网络信息中心发布的第 52 次《中国互联网络发展状况统计报告》，截至 2023 年 6 月，我国短视频用户规模达到 10.26 亿人，占网民整体数量的 95.2%，短视频已经成为人们休闲娱乐、获取信息最重要的途径之一。2023 年，国家广播电视总局发布了《中国短视频发展研究报告（2023）》（短视频蓝皮书），报告显示，目前短视频已经进入成熟发展新阶段，精品创作百花齐放，内容形式日益多元。一方面，诸如《弄潮》《中国心愿》《给习爷爷的信》《红星何以照耀中国》等以主题主线为核心的短视频精品大量涌现。另一方面，泛知识类短视频内容生产不断拓展，展现巨大发展空间。在抖音，知识内容兴趣用户超过 2.5 亿；在哔哩哔哩，泛知识类视频占全平台视频播放量的 44%。目前"全民共创"成为行业新景观，短视频成为普通人记录生活、表达自我的重要形式。

目前，随着 5G、元宇宙、DeepSeek 等新技术的诞生，结合 AI、区块链等新技术，短视频也将会推出 AI 数字人功能，在新技术影响下，短视频业态将会发生巨大变化，短视频效用将会得到更高效、更高质量的提升。

【思考练习】

在 AI 成为"关键词"的今天，短视频内容形态及创作模式将趋向何种创作方向？

项目 5

汽车直播营销

【学习目标】

1. 能够了解汽车直播营销的主要模式和方法；
2. 能够掌握汽车直播营销的主要流程。

【技能要求】

1. 能够搭建直播账号并且定位；
2. 能够策划并执行汽车直播营销方案。

【案例导入】

汽车直播的爆火是从 2020 年开始的，这一年也被称为中国汽车的"直播元年"。作为传统大宗消费品，汽车的销售环节过去一直重度依赖线下服务模式，如今各大车企和 4S 店开启了直播业务，试图建立起线上的销售阵地，汽车直播随之迎来爆发式增长。

1. 直播卖车在品牌宣传、集客方面拥有明显优势

对于卖家来说，在主播热情的讲解下，关于品牌和车辆的信息能够更快、更广地触达消费者，感兴趣的观众可以在直播间的链接中留下姓名、电话等个人资料，或直接付定金下单，有助于卖家提升品牌知名度，获取大量销售线索。对于消费者来说，直播看车省时省力，互动高效，可以自由比较和选择。

据汽车内容平台懂车帝发布的《2021 汽车直播数据报告》，汽车直播在 2021 年继续保持迅猛发展。品牌经销商、二手车商以及汽车达人的开播量均呈上扬趋势。其中，品牌经销商占主播总数超过一半，过去一年月均直播场次增长 408%，互动量增长 263%，直播已成为品牌推广和营销转化的主流阵地。

2. 汽车直播生态圈

汽车直播生态圈主要由直播平台、卖家与背后的供应链、用户或消费者组成。直播平台有淘宝、京东、拼多多等电商平台，也有抖音、快手、B 站（哔哩哔哩，bilibili）等视频平台，还有汽车之家、易车、懂车帝等汽车垂直类内容平台。

卖家中，汽车厂商，即品牌方、主机厂、汽车制造商，主要负责造车，如今许多汽车厂商都开设了新媒体账号进行营销。以抖音为例，据新榜（上海新榜信息技术股份有限公司)2021年11月榜单显示,梅赛德斯-奔驰、吉利汽车、宝马(中国)等车企抖音号的影响力位于前列。

相比制造汽车的厂商,品牌经销商作为卖车先锋才是开播主力。目前汽车销售的传统渠道是授权经营模式,即主机厂授权给经销商、4S店去卖车,像特斯拉、蔚来、理想等采用直营模式的属于少数。尽管汽车流通渠道日益多元化、数字化,但经销商的角色仍占据重要位置。

二手车商同样处于直面消费者的销售一线,只不过卖的不是新车,而是二手车。这个市场相对来说信息更庞杂,一车一况,直播能够提高交易双方的互动效率,所以二手车商开播的频率也比较高。此外,汽车达人即KOL或KOC(关键意见消费者)会通过评测讲车、探店体验、剧情演绎等方式发布短视频或进行直播。

3. 汽车直播的常态化、精细化运营

对于经销商来说,卖车不能只靠消费者自主进店,需要通过社交媒体、汽车内容平台、短视频平台等渠道开拓更多、更高质量的销售线索。与厂商直播不同,经销商开直播是为了获取本地流量,核心是降低获客成本、提高线索量,并且主播往往由销售顾问担当。

懂车帝自2019年10月启动直播业务,背靠北京抖音信息服务有限公司,目前是国内头部的汽车直播平台。4S店可在抖音直播间开启懂车帝4S店功能,支持预约试驾、询底价、查看在售车系等。直播的效果也从线索收集拓展到直接带动成交,例如山西壹加壹汽车销售服务有限公司有几个线上直接下单成交的案例,但绝大多数客户还是要经过线下体验。所以,"线上优质内容+线下完美体验=增加成交量",有助于提高车辆周转率。此外,还要利用好地址、电话等营销工具,获取精准流量,提升线索。

学习任务1　搭建直播账号

【工作任务】

1. 任务分析

网络信息的形式十分丰富,与图文相比,视频具有更加直观的场景表现力,特别是视频直播,可以与用户进行实时互动,快速建立起情感共鸣。直播形式的多样化发展,使直播这种新兴的营销方式被各大企业所关注,并迅速涌现了一批直播平台,企业通过这些直播平台可以更加立体化地展示企业文化,传递品牌信息,开展各种营销活动,与用户开展更加直观的互动。

2. 实践操作

掌握直播的基本要求和互动方法,分析直播营销的方式,总结直播活动的开场、过程。

【理论知识】

1. 直播营销的概念

直播营销是以直播平台为载体,通过现场展示的方式传递企业品牌或产品信息的营销方式。其形式主要有两种,一种是直接在 PC 端上进行直播,另一种是通过手机的摄像功能对各种信息进行实时呈现,以方便其他网络用户观看并进行互动。直播营销是目前主流的渠道营销方式,掌握其操作方法可以帮助企业更加灵活地进行各种营销方案的策划与实施。本节将详细介绍直播营销的相关知识。

电视或广播等传统媒体平台的现场直播是最早的直播形式,如体育比赛直播、新闻直播等。随着移动互联网和智能手机技术的快速发展,基于互联网的直播方式开始兴起,通过在互联网设备上安装直播软件进行直播,达到信息传播的目的。目前的直播营销默认为基于互联网的直播营销。从广义上来理解,可以将直播营销看作以直播平台为载体进行营销活动,以达到提升品牌形象或增加销量目的的一种网络营销方式。它与传统媒体直播相比,具有不受媒体平台限制、参与门槛低、直播内容多样化等优势。

2. 直播营销的特点和优势

随着互联网的发展,直播营销以其即时、媒介常用、直达用户等特点广受企业营销人员的青睐。在传统营销模式下,企业主要通过户外广告、新闻报道和线下活动等方式进行营销,营销的展现效果有限;而互联网环境下的直播营销,则可以通过更低的营销成本、更广的营销覆盖、更直接的营销效果、更有效的营销反馈达到更佳的营销效果。

1)即时性

直播可以使用户同步看到事件的发生、发展与结果,第一时间反映现场的情况,为用户了解信息提供直观、即时的方式。特别是投票、资讯、发布会等形式的直播,可以使用户在了解最新进展的同时,同步参与互动。

2)媒介常用

直播营销的设备很简单,常见的手机、电视机、计算机等都支持直播,而基于互联网的直播,可以直接通过手机接收与传播,传播范围更广,传播速度更快,营销所达到的效果也就愈加明显。

3)直达用户

直播营销不对直播内容进行剪辑和加工,播出的内容与用户所看到的内容是完全一致的,因此,要注重直播流程与设备的维护,避免直播失误,给用户留下不好的印象。

4)更低的营销成本

传统营销的渠道主要有电视、广播、楼宇、展位等,投放成本从几万元到几百万元不等,对于资产并不雄厚的中小企业来说并没有竞争优势;而直播营销的直播设备简单,可以仅靠一部手机就完成一次直播营销。直播场景可以由企业自己构建,其是目前成本较低的营销方式之一。

5)更广的营销覆盖

对于一般的营销方式,用户在查看信息的同时需要自己在脑海中构建场景,而直播营销可以直接将产品的形态、使用过程等情况直观地展现给用户,将用户带入营销的场景,达到全方位覆盖用户认知的效果。

6) 更直接的营销效果

直播营销可以更加直观地通过主播的艺术性语言传递各种优惠信息,同时开展现场促销活动,能够较好地激发用户的消费热情,提高营销的销售效果。

7) 更有效的营销反馈

在确定目标产品的前提下,企业开展营销活动的目的是展现产品价值,实现盈利。在这个过程中,企业需要不断优化产品和营销策略,对产品进行升级改进,使营销效果最大化。而直播营销具有强有力的双向互动模式,可以在主播直播内容的同时,接收用户的反馈信息,如弹幕、评论等。这些反馈中不仅包含产品信息的反馈,还包括直播用户的现场表现,这也为企业下一次开展直播营销提供了改进的空间。

3. 直播的常见平台

常见的直播平台有虎牙直播、斗鱼、快手、抖音、淘宝直播、花椒直播、熊猫直播、一直播、石榴直播等,如图 5-1 所示。虽然它们都是直播平台,但是针对的领域有所区别。例如:虎牙、斗鱼、熊猫是针对游戏领域的;淘宝直播是针对电商领域的;快手、抖音涉及的领域则比较广泛,很多美食、娱乐、旅游等初入直播的领域都会选快手、抖音这些大热门平台。

4. 直播间的流量来源

直播间的流量包括同城流量、内容推荐流量和直播广场流量。

图 5-1 常见直播平台

直播时一定要开启同城,这样很多同城的人就会优先看到。同城流量非常重要。

内容推荐流量与话题有关。在开直播前,可以添加话题,这样可以引导精准用户进入直播间。

在三种流量中,直播广场流量最多,也是最重要的。通过提升直播间的数据,直播间就可以进入直播广场的推荐页中。进入直播广场推荐页涉及平台对直播间的考核指标。如果直播间的数据指标良好,则既可以增加黏性,产生进一步收益,又可以被推荐到直播广场,吸引更多流量。

【实践知识】

1. 直播账号的开通

以抖音平台为例,抖音直播有两种形式:抖音内容直播和抖音带货直播。

1) 抖音内容直播开通

对于抖音平台,只需要完成实名认证就可以直播,在直播间进行内容分享,包括唱歌、跳舞、教程分享等。具体操作如下：打开抖音，点击创作者服务中心→开始直播→完成实名认证，即可开通直播功能，如图 5-2 所示。

图 5-2　抖音平台开通方式

2）抖音带货直播开通

抖音带货直播不仅需要开通直播功能，还需要开通直播带货权限。两个权限都满足，才可以进行带货直播，在直播间挂商品链接，销售产品。

目前开通抖音带货直播需要满足三个条件：

（1）完成实名认证；

（2）个人主页视频数（公开且审核通过）≥10 条；

（3）账号粉丝量≥1000。

抖音视频购物车的开通条件也是这三个：完成实名认证、个人主页视频数（公开且审核通过）≥10 条、账号粉丝量≥1000。也就是说抖音直播带货权限和视频购物车权限一致，只要开通了商品橱窗，就能开通直播购物车了。

2. 直播账号的打造

1）明确目标人群

直播工作中，首先要做的是账号的打造。在打造账号之前要明确核心目标人群，再根据既定的目标人群的需求创作视频选定直播内容，并且在之后的运营中不断吸引扩大目标人群。

明确目标人群之后，还需选择账号类型。品牌账号不仅需要销售商品，还要进行品牌形象的展示以及品牌理念的表达，商品账号以销售商品为核心，企业 IP（个人品牌）号则需要在消费者心中树立一个真实正面的形象，积累品牌流量，奠定变现基础。

2）打造账号定位

账号定位可以从账号身份、呈现效果、直播间布置这三个方面来打造。账号身份分为两种情况：企业和个人。对于企业来说，直播账号的名称通常是企业名称，以创始人或企业 logo 为头像，在账号简介中可以介绍企业的理念。对于个人来说，直播账号名称要符合直播内容，头像可以自定义，最好是跟直播内容相关，账号简介以实际内容为准。

在呈现效果上，企业账号要围绕企业日常的文化价值，个人账号以展示日常直播内容为主，这样做主要是为了强化观众对账号的认知。

在直播间布置上，需要重视直播账号的 logo、背景色彩搭配及设计风格、产品陈列等。整理有条的直播间更能让消费者产生好感。

在电商直播中，主播和直播账号是直播间的"门面担当"，因此，需要直播发布者做好二者的定位，从而让消费者清楚直播间是干什么的。

定位是决定一个账号是否能变现的关键要素，它直接决定了直播内容讲给谁、怎么讲以及是否促进变现，这是开通账号之前最重要的环节。其核心是找到精准客户，也就是确定"变现方法＋信任背书＋差异点"。首先就是找到自己的变现方式；其次是寻找自己的"信任背书"，也就是"立人设"，比如"专家人设""共鸣人设"，但一定要基于真实情况，不能编造"人设"；最后需要找到差异点，也就是自身优势。这里有一个实用的方法——寻找对标账号，也就是看别人是怎么做的，可以利用专业的运营工具查看，像蝉妈妈、抖查查等，或者利用各大搜索引擎搜索。学习做得好的同行前辈，同时建立自己的直播素材库。

3. 直播营销模式的选择

1）明星代言式直播

明星代言是传统广告中最常用的一种营销方式，代言人将自己的个性和标签赋予品牌，同时品牌借助明星的知名度迅速打开市场，建立影响力。传统明星代言的核心有两点：一是长期，长期才能让明星将自己的个性赋予品牌；二是重复，重复才能让品牌的特点深入人心。

2）IP 打造式直播

直播是打造和运营 IP 的手段之一，它能丰满 IP 的形象，赋予 IP 鲜明的性格特点，同时让 IP 走进用户，拉近与用户的关系。直播的火爆，让不少企业的首席执行官（CEO）走进直播间，麦当劳中国首席执行官张家茵、林清轩总裁孙来春、携程集团联合创始人梁建章等，共同为直播加了一把火。相对带货，对于 CEO 直播，更重要的是企业领导人 IP 的打造。杰克·韦尔奇、比尔·盖茨、乔布斯分别是通用电气、微软和苹果的代言人，他们过硬的企业经营能力以及独特的人格魅力，成为企业的重要 IP 和品牌标志。CEO 直播恰是企业打造领导人 IP 的一个时机，一个有魅力的 CEO 可以通过直面网友体现自己的亲和力、专业能力和人格魅力，从而扩大企业品牌的知名度。

不少品牌都有自己的虚拟 IP，且经过长年的打造具有很强的群众基础，让这些 IP 进行直播，同样可以带动品牌营销。

3）内容创意式直播

直播除了带货，还可以"带着内容直播"，电视剧、综艺、采访……这些内容都可以以直播的形式呈现。以英菲尼迪 QX50 在抖音进行云发布会直播为例，在该场直播中，陈铭作为主持人，品牌代言人张若昀作为嘉宾出场，整场直播采用"Battle Show"的模式，做了一次"闯关答题"的综艺，展示了 QX50 的各种技术和配置。这次直播跟带货毫无关系，其实是一次线上"微综艺"，核心目的就是增加品牌曝光度和跟用户群体互动。随着直播营销逐步深化，内容直播的形式越来越多。

4）PUGC 式直播

PUGC（professional user generated content）即"专业用户生产内容"或"专家生产内容"。PUGC 营销从微博、微信时代开始就是一种重要的与用户共创内容、完成营销的方式。短视频时代，由于视频制作和发布门槛降低，品牌联合明星的活动，往往能收到大量作品，其中不乏优秀度和专业度都很高的作品。品牌直播同样可以实现 PUGC 直播，挖掘用户的潜力，让用户为产品写直播脚本，提供直播内容创意，甚至直接走入直播间做品牌直播，这些都是很好的营销方式。

直播领域中有很多从一线销售人员成长为的带货主播。从这个路径来看，每一个线下的促销员都有成为品牌带货主播的潜质。当然重要的不是最终带货多少，而是经销商和员工参与品牌营销的整个过程。

5）粉丝运营式直播

做品牌的一个重要任务就是做粉丝运营，直播能够给粉丝提供什么内容、什么价值，这是很重要的一点。例如运动品牌彪马（PUMA）在经营官方账号的时候，不单发挥销售的功能，还考虑了如何建立与用户的联系，为潜在用户带来更多的价值。PUMA 联合抖音以品牌原生直播的创新模式，打造"彪汗客厅"系列直播，为用户带来专业的"云健身"解决方案，增加了用户的黏性和好感度。

未来的直播内容将不仅限于带货，营销创意思维也将被带入直播。随着移动互联网的发展，营销行业进入剧变时代。但变化的是营销的载体和形式，营销的核心"策略和创意"并没有变。传统营销人员最具优势的地方就是策略和创意，他们日常会开展各种各样的创意活动，比如创作故事、制作艺术作品、策划有趣的活动等，这些创意都可以运用到直播间。例如出版品牌方可以在直播间聊读书，电影宣发人员在直播间聊电影，手机品牌方在直播间做评测，旅行品牌方做特别目的地的风景直播等，把 IP 运营的方法用于直播。

【巩固训练】

根据所介绍的相关知识，完成表 5-1 所示的实训任务。

表 5-1　直播实训任务

序号	任务描述	任务要求
1	观看一场直播，分析其直播定位及模式	通过对直播平台的观察，分析直播的特点、形式、内容并简单举例说明
2	分析现在运营比较成功的直播案例是如何开展直播的，例如东方甄选等	分析知名的直播案例，总结评价主播的直播风格

【相关链接】

一汽奥迪玩直播

2022 年 4 月 12 日，奥迪品牌官方直播平台 Audi Channel 第六期活力开播。活动以"与奥迪一起 不负春光"为主题,邀请了一众体育明星到场,共同为粉丝带来一场有趣、有料、有"干货"的春日狂欢盛宴。

在各大直播渠道上,网友对本期 Audi Channel 好评如潮,众多粉丝参与互动评论、好物抢购。同时,不少观众更是被直播间里介绍到的奥迪 A5、Q3 Sportback、奥迪 A3 RS 套件燃速型、奥迪 Q2L 和奥迪 A4L RS 套件燃速型等新生代车型家族成员深度"种草",纷纷预约试驾或付定金。此外,奥迪品牌不负春光、保持热爱的生活态度,也悄然在粉丝心中扎根。

一汽奥迪本期节目聚焦大环境下用户真实情感的需求,依托体育明显嘉宾组合,打造了积极向上的直播内容。期间,不仅有好玩有趣的生活态度分享,还有惊喜限量的顶级装备好礼。

围绕"UP"这一关键词,惠若琪在开启美背教学,分享春日元气秘籍,以及分享投身体育公益人的故事,向观众传递向上力量的同时,也将 A5、Q3 Sportback 两款车型带给了观众。

"跑酷达人"高家雯不仅现身教学,向场外观众发起活力过春天的"UP"倡导,让他们在家中也能积极锻炼身体,还向观众"种草"了独具潮燃运动魅力的奥迪 A3 RS 套件燃速型、A4L RS 套件燃速型。

"金句"频爆的王濛,则在大谈竞技体育背后不屈服不退缩的"UP"精神真谛的同时,深度探讨了奥迪独有的 Quattro 技术,并对奥迪 Q2L、Q3、A4L 三款新生代车型进行现场解说,彻底引燃现场互动氛围。

本次官方直播通过借热点、讲故事、送关怀的全链路活动形式,展现一汽奥迪独到的品牌特色背后,一汽奥迪再辟蹊径,打造了"1+6+N"直播矩阵,开辟春日直播季新概念。

【思考练习】

1. 直播的流量来源有哪些?
2. 查看懂车帝 App,找到直播入口,分析该平台的直播定位和功能设置。

学习任务 2 汽车直播活动的开展及运营

【工作任务】

1. 任务分析

一场完整的直播,往往有运营、投手、主播、副播、场控、屏控、剪辑拍摄等团队配置;对于直播中的互动机制,需注意在直播前、暖场+售卖初期、售卖高潮期、售卖结尾期、收尾等时间加入适当的互动内容,在直播后,还需要留意直播中的舆情监测,并对直播后数据进行多维度复盘。

2. 实践操作

学习以新车、二手车为售卖产品设计直播活动。

【理论知识】

1. 确定直播营销方式

1)"品牌＋直播＋明星"

在企业直播营销的所有方式中,"品牌＋直播＋明星"属于相对成熟、方便执行、容易成功的一种方式。明星往往拥有庞大的粉丝群,产生的效应可以迅速抓住观众的注意力,进而产生巨大的流量。在大多数情况下,企业想要通过直播塑造品牌形象时,一般都会优先考虑拥有固定形象的明星。

不过需要考虑的是,这种方式虽然见效快,但也有一定的缺陷。大部分明星很难留下影响较为深远的话题,而且明星直播已经被大量企业利用,观众对明星的好奇心大大降低之后,其产生的效益也会大量减少。因此,企业在利用这种直播方式进行营销活动的时候,要学会把握时机、适当利用。

2)"品牌＋直播＋企业日常"

在直播的时代,个人吃饭、购物等日常活动都可以作为宣传个人 IP 的直播内容,那么企业的日常同样也可以作为直播内容用于品牌宣传。

所谓的"企业日常",指的是企业制定、研发、生产产品的过程等,甚至包括企业开会的状态、员工的工作餐等。这些对企业来说稀松平常,对消费者来说却是产品光环下的"机密"。因此,将"企业日常"挖掘出来,搬上直播平台也是一种可以吸引观众注意力的直播营销方式。

3)"品牌＋直播＋深互动"

现在业界对直播营销的探索还在进行中,但是有一点已经形成共识:直播最大的优势在于带给用户更直接、更亲切的使用体验,甚至可以做到零距离互动。但这实际上是最难以创新的。因为直播本身就具有高效的互动性,所以企业想要让品牌通过直播平台与消费者进一步"深互动"需要创新思维。一旦企业对"品牌＋直播＋深互动"方式有了正确的创新思路,就会获得相当可观的成果。

2. 直播营销活动的核心要素

1) 直播营销要素:人

一场直播,观众最先看到的是主播,而主播形象的好坏,就像短视频直播封面一样,直接影响着观众是否愿意进入直播间。所以,选择合适的主播很重要。选择主播,我们可以从三个方面考虑:匹配度、带货力和性价比。匹配度需要从这几个方面考察:主播的粉丝画像,主播形象、专业度,主播的直播间氛围,主播的口碑等。带货力从粉丝活跃度、粉丝团以及直播数据来进行考察。性价比则主要从转化率和垂直性两大方面考虑。

直播间场控作用在于调动直播间气氛,补充直播短板以及促进成交。一场直播一般在 2 小时及以上,在这个时间段内,场控要配合主播不让直播间冷场,想办法调动直播间气氛。如果一个主播能够将气氛调动至60分,那场控则需要把气氛调动到80分以上。另外,若主播直播时有顾及不到的地方,例如对产品不熟悉、脚本执行力差等,就需要场控弥补这些不足。

2) 直播营销要素:商品

(1) 具体对象具体分析。

根据直播账号所针对的具体消费群体或者不同场景的不同需求,选择直播电商带货产品。例如,李佳琦带货品类虽然很多,但是,他的带货主线是美妆,这是由他的粉丝群体决定的。

(2) 主打低价,采用"低价高质"选品策略。

意思就是,产品价格要比同类品牌的低,但是质量不能差,也就是高性价比,提升粉丝购买体验。

(3) 有颜、有用、有趣,三者至少择其二。

"有颜"是指产品设计或者外观有质感。有用则表示产品有口碑,有很多人推荐,包括明星、网红等知名人士。有趣就是指有不同于同类产品的独特创意点。

(4) 选品库存有保障。

直播间面对的观众可能是几万、几十万,甚至是几百万,所以,对于选择的产品一定要明确真实库存、发货时间周期以及库存补货时间周期,可选择少量多批策略。

3) 直播营销要素:场

直播现场设计包括手机支架、麦克风、声卡、灯光(可添置一个台灯)、补光灯布置及房间布景(有条件的实体布置,条件有限的可以用自带背景),其目的是为用户营造一个良好的视听环境,如图5-3所示。

图5-3 直播环境

3. 汽车直播

汽车直播通常面临如下问题:很多观众进入直播间不是为了买车,只是为了看主播;每次直播前,都要花很长时间准备;门店辛苦培养的优秀主播,容易被其他品牌甚至其他行业高价挖走;门店直播粉丝来自全国各地,可能无法前往直播所属门店体验,影响购车链路转化。

此外,汽车直播与传统快消品直播有着明显差异,可以从以下三方面分析:车辆、人员、直播运营。

车辆方面:汽车销售无法像其他消费品一样,跑量获利,全国包邮,十几秒快速成单。

人员方面:团队不完整,运营岗位常常缺失,导致摄影、主播、运营常常由一人兼任;主播对汽车行业缺乏专业背景知识,往往由其他消费品主播兼任,缺乏对汽车直播全流程环节的把控能力与经验。

直播运营方面:直播带货沉淀时间长,套路成熟容易复制,不论团队人员如何迭代,直播方式都可以留存并快速复用。

【实践知识】

1. 发布作品

抖音直播带货账号发布作品时,可以按照下面四个流程进行:日常更新、发布预告视频、发布直播切片和发布播后视频。

1)日常更新

日常更新指每天至少更新一个短视频,最好在固定的时间范围内发布垂直类视频,比如发布介绍账号垂直类产品的图文或视频等,向用户推荐产品,在图文或视频中表明商品适合的人群、优势、直播间中的价格及赠品等,目的是稳定吸引对产品感兴趣的精准用户,有效提升账号的整体权重。

2)预告视频

预告视频在直播前几个小时内发布,告知用户马上就要开播,提醒用户准点锁定直播间,还可以给用户展示一下这场直播中都有哪些福利款产品,吸引感兴趣的粉丝准点进入直播间,有效提高直播带货的转化率。

3)直播切片

在直播带货过程中截取主播的"高光"时刻,可以是介绍商品价格优惠力度,也可以突出直播间赠品多等优势,发布短视频,让更多用户看到视频后点击头像进入直播间。在直播带货中发布直播切片短视频,目的是让直播间获取到更多免费且精准的流量。

4)播后视频

在直播带货后发布短视频,答谢粉丝观看这场直播,增强在观众心中的印象。

2. 直播话术的设计

如何提升直播话术质量?直播话术可拆解为三部分:情感引入、卖点介绍、互动转化。在直播间里,我们可以将不同的话术内容进行排列组合,滚动播报,以确保不断让直播间用户了解车辆优点与优惠政策等内容。

例如,直播开场时主播需要快速和观众打招呼,接着,主播对观众说:马上到年底了,店里在清库存,有一定的优惠政策。当观众听到清库存、优惠政策等字眼时,可能会留在直播间。接着,主播花 30 秒左右介绍优惠政策内容,并通过 15 秒时间告诉大家,在直播间留资后,去门店购车可以获得额外优惠甚至折扣。在这之后,主播可以对产品功能、配置等加以讲解。最后收场阶段,再次增加紧迫感,提醒观众优惠有限时,这两部分大概用时60多秒。

3. 直播活动的运营设计

与简单地对着摄像头聊天等直播不同,企业直播营销需要在确定营销目的、目标用户的基础上进行设计,策划专门的营销活动执行方案,并根据方案执行。一般来说,直播活动可以分为几个阶段:直播活动开场,即帮助用户获取活动的基本情况;直播活动过程,提升用户的兴趣;直播活动结束,促使用户接受营销内容。每个阶段的内容安排与营销技巧不同,下面分别进行介绍。

1)直播活动开场

直播活动开场的目的是让用户了解直播的内容、形式和组织者等信息,给用户留下良好的第一印象,以便用户判断该直播是否具有可看性。开场的用户主要为前期宣传所吸引的粉丝以及在直播平台随意浏览的网友,这些用户一般在进入直播间的1分钟内可以做出决定,因此要做好直播活动的开场设计。直播活动的开场方式主要有6种,下面分别进行介绍。

(1) 直接介绍。

在直播开始时直接告诉用户本次直播的基本情况,包括主播自我介绍、主办方介绍、直播话题介绍、直播时间、直播流程等。需要注意的是,这种方式比较枯燥,容易使部分用户不耐烦,因此建议添加一些吸引用户的活动环节,如抽奖、发红包、介绍特约嘉宾等,以最大限度地留住已有用户。

(2) 提出问题。

提问可以引发用户思考,促进主播与用户之间的互动,使用户有参与感,同时,又能通过用户的反馈预测本次直播的效果。

(3) 数据引入。

对于专业性较强的直播活动,可以通过展示数据的方式进行开场,增加用户的信服度。这种开场方式要求数据必须真实可靠,否则容易引起用户的质疑,为直播带来负面影响。

(4) 故事开场。

趣味性、传奇性的故事可以快速引发用户的讨论与共鸣,为直播活动营造一种良好的氛围。但应注意不要选择争议性太大的故事,这类故事容易引起用户的激烈讨论,无法快速进入主题反而得不偿失。

(5) 道具开场。

营销产品、卡通娃娃、礼品、场景工具等都可以作为辅助开场道具,通过主播对道具的简单说明进入主题。

(6) 借助热门事件。

参与直播营销的用户大都为喜爱上网的互联网用户,这些用户对目前的热门事件非常熟悉,借助热门事件主播可以快速融入用户,拉近与他们之间的距离。

2)直播活动过程

直播活动的过程主要是对直播内容进行详细展示,除了全方位、详细地展示信息外,还可以开展一些互动活动,如弹幕互动、参与剧情、直播红包、发起任务等,在提高用户兴趣的同时掀起活动高潮。

(1) 弹幕互动。

弹幕是以字幕形式出现的评论,它以飘在屏幕中的形式密集出现,所有观看直播的用户都可以看到这些内容。直播时用户的评论可以以弹幕的形式出现,主播在直播过程中要关注弹幕的内容并挑选一些与用户进行互动,特别是用户的一些提问、建议、赞美等内容,如"能介绍一下这个产品的原材料吗?""什么时候抽奖呀?"等内容更适合用于与用户互动。

(2) 参与剧情。

参与剧情适合于户外直播,通过邀请网友参与直播内容的下一步策划与执行,加强用户的参与感,同时还能借助用户的创意增加直播的趣味性。若采纳了用户的意见,则可以给参与的用户一些奖励,提高用户的积极性。如 2016 年夏季里约奥运会期间,咪咕直播与凤凰网联合推出的"走着!看里约"直播,就通过采纳网友的意见,以采访里约街头不同国家不同肤色的奥运观赛人群的方式进行直播。

(3) 直播红包。

观看直播的用户可以通过直播平台打赏主播,如赠送"游艇""跑车"等虚拟礼物。同样的,主播也可以通过发红包或赠送礼物等方式回馈用户,增加直播的人气并加强互动。主播发放红包时要提前告知用户发放的时间,如"10 分钟后有一大波红包来袭""20:00 准时发红包"等,目的是让用户知道抢红包的时间,在做好准备的同时,暗示用户邀请更多的人加入直播间等待红包,以提高直播的人气。

(4) 发起任务。

在直播中发起任务是指让用户按照指定的方式,在指定的时间内完成一系列活动。如邀请用户进入一个微信群,在微信群中发表自己的故事;邀请用户在某个帖子或微博下评论;号召用户一起做与主播相同的动作,并分享到社交网站等。通过发起任务可以快速凝聚用户,形成团体力量,使用户有一种成就感和满足感。

3) 直播活动结束

从直播开始到活动结束,用户的数量一直在发生变化,到结束时还留下的用户,在一定程度上都是本次营销活动的潜在目标用户群,因此,一定要注重直播活动的结尾,最大限度地引导直播结束时的剩余流量,实现企业产品与品牌的宣传与销售转化。

(1) 引导关注。

直播结束时可以将企业的自媒体账号和关注方式告知用户,引导用户关注,使其成为自己的粉丝,便于后期的粉丝维护。

(2) 邀请报名。

直播结束时告知用户加入粉丝平台的方式,并邀请其报名。加入粉丝平台的这部分用户对直播内容的认可度较高,能够快速参与直播互动,有希望转化为忠实粉丝。

(3) 销售转化。

直播结束时告知用户进入官方网址或网店的方法,促进其购买,实现销售转化。采用这种结束方式时可以给用户一些有利于他们的信息或营造一种紧迫感,如提供打折、优惠或产品供不应求信息等。

4. 积累粉丝

直播带货账号中的粉丝分为两种,一种是没有关注直播账号的普通粉丝;另一种则是关注直播间且加入粉丝团的粉丝成员。很显然,相比较而言,关注直播间且加入粉丝团的成员,对账号的价值会更大。

积累直播带货账号粉丝的最终目的是在开播的时候,有一定的垂直喜欢账号视频、产品或者主播的粉丝,引导粉丝在开播的时候进入直播间,在直播间进行长时间停留,给整场直播带货带来更好的数据。

要想搭建一个优质的直播带货账号,务必要掌握好以上三个方面,进行账号优化,为吸引直播带货精准流量和高成交额奠定基础。

【巩固训练】

根据所介绍的相关知识,完成表5-2所示的实训任务。

表 5-2 直播实训任务

序号	任务描述	任务要求
1	设计一场主题直播	1. 准备直播中的各个要素; 2. 设计直播中的活动开场、活动内容、活动结尾; 3. 在直播中观察自己的直播数据,分析原因

【相关链接】

汽车直播方法论

1. 绕车讲解

汽车直播粉丝以汽车发烧友为主,以车为载体进行介绍,加深粉丝对本品牌各款车型及汽车功能的深入了解。展厅车型齐全,可以同时讲解多款、多种颜色车型。

例如,粉丝对保时捷 Panamera 车型非常热衷,这款车型有18种型号、17种外饰、15种内饰,平时通过短视频无法看遍,通过直播,可以展示展厅有的所有型号、颜色,如图5-4所示。

图 5-4 车型可选

2. 主题直播——各类主题与讲车穿插

把平时线下活动转移到线上,与不同合作伙伴合作,不仅讲解车,还讲解车带来的新生活方式,例如插花、养生、美妆、腕表、运动等,增加直播间的可看性,让粉丝除了车以外能够看到更多的新鲜内容。

例如,让服装造型师、运动"达人"参与直播。

(1)根据保时捷不同款车型的特点,让服装造型师打造不同场合的穿衣场景,让粉丝在了解不同款车型特色的同时,了解不同场合的穿着搭配。

(2)宅家期间,不能去健身房运动,健身"达人"可以教粉丝如何进行宅家运动,另外还可以教一些办公室可以做的拉伸运动,如图5-5所示。

图 5-5 主题直播

3. 根据粉丝需求制定直播内容

粉丝希望看到一些限定款车型,了解一些驾驶的方式,根据粉丝需求,找到限定款车型进行展示。

例如:粉丝在某店直播间提出希望看到保时捷限定车型918。该店与厂方联系,进入保时捷官方体验中心,真车实拍限量款918车型,请专业的保时捷驾驶教练在专业的赛道上进行漂移驾驶及基础技能传授。粉丝看到限量版918真车而不是车模都很兴奋,这体现了直播间的"宠粉"程度及资源能力。只要粉丝有需求,就尽量满足。

汽车直播时需要注意以下几点。

(1)内容贴近实际需求,明确粉丝想看什么,而不是你想推什么。因此,在平时直播时就要留心以下两点。

① 记录直播间粉丝经常问的问题;

② 与一线销售沟通,了解客户喜欢咨询什么问题,以及对什么比较感兴趣。

(2)结合节气亮点,增加直播的可看性。比如三月樱花盛开,就可以把直播地点转到以樱花为背景的地方,而不仅是展厅这一个地点。粉丝一般分布在全国各地,有的地方看不到樱花,这种形式很新颖,可以给粉丝带来不一样的感受。

(3)稀缺资源展示,打造直播间差异化。

很多直播间展示的都是基本车型,那么就可以和厂商沟通,展示稀缺车型以形成差异化对比。同时很多直播都用手机竖屏,但在汽车赛道上进行直播,竖屏没有横屏的视角广,这时就可以用其他的设备,既清晰视角又广,便于观看。

【思考练习】

运营一场直播,前期需要做哪些准备工作呢?

学习任务3　汽车直播营销活动分析

【工作任务】

1. 任务分析

当前的直播带货已经离不开数据分析。首先,通过数据分析可以检测出账号所存在的问题并加以调整。其次,数据分析结果还可以用于指导运营策略,比如分析受众的活跃时间点、竞争对手的活跃时间点,得到精准的用户画像,确定用户喜欢的内容等,以便进行内容优化。正所谓"知己知彼,百战不殆",通过专业的数据分析,不仅能了解行业的最新玩法,还能学习同行的热门"策略",事半功倍。

2. 实践操作

能够在相关平台查找直播数据并加以分析。

【理论知识】

1. 直播的五个评价指标

1) 转粉率

转粉率的计算公式为直播涨粉人数除以观看总人数,数据达到1%即为合格,2%为中等,4%为优秀。

2) 互动率

发弹幕、评论、点赞、送礼、直播间分享等都属于互动的行为,互动率的计算公式为评论、点赞、送礼、分享等次数的总和除以观看总人数,数据最低需要达到3%,达到5%即为中等,10%为优秀。

3) 留存率

指平均停留时长,以1分钟以上为好,比较好的可以达到3分钟,1分钟是基础,是比较良性的直播室。

4) UV值

UV(独立访客)值即为直播间人均贡献值,计算公式是销售额除以观看总人数或转化率乘以客单价,数值越高说明用户在直播的付费意愿、消费力更强。转化率需要通过下单人数除以观看总人数来计算,需要达到1%,5%是优秀直播室。

5）转粉团率

这是指用户关注后，加入粉丝团的人数比例，一般1.5%是比较合格的。用户加入粉丝团之后，下次开播时能收到提醒。

通过上述五个数据及相关指标，即可判断直播间是否合格。如果有哪个指标低于基础值，商家就需要进行一些改进。转粉率考验的是直播间的选品能力、主播的引导关注能力；互动率考验的是主播控场能力；平均停留时长反映的是直播间内容吸引力；转化率反映的是直播间的真实购买力以及主播的带货能力。对于一些粉丝量级大，但是直播间转化率不好的商家，需考虑粉丝的精准度。因此，在开通账号时，需要想清楚未来销售的品类，根据该品类拍摄短视频进行吸粉。主播带货能力则体现在主播与助播的配合、主播的话术上。

2. 直播分析工具

对于数据类产品，数据的准确性至关重要，精准的数据能够帮助我们抓热点、分析对标账号、了解粉丝画像以及找到爆款产品，让直播变现事半功倍。相关平台有抖音罗盘、飞瓜、抖查查、卡思、蝉妈妈等，如图5-6所示。

图5-6 抖查查

【实践知识】

1. 分析流量来源技巧

新直播账号应重点关注直播推荐的占比，一般情况下新号开播前三天，会出现从直播推荐10%拉升到80%以上的趋势，相反流量下跌，最为明显的是直播推荐流量下跌，如果流量下跌至低于50%，一般情况下需要及时采取激活策略来提升推荐流量。

如果近期重点发力短视频，则要关注短视频的流量占比，通过周期性环比分析，大致得出近期短视频倒流效果；但是短视频流量的占比容易随着直播推荐流量占比基量的提升而被压缩，所以在分析短视频流量时，还需借助短视频倒流工具进行计算，以避免误判。

付费投放状态下，则应当关注付费内各个付费工具的占比数据，同时也要与直播推荐数据进行对比，特别是在免费流量的情况下，应随时对投放成本、付费流量与撬动的免费流量进行周期性对比分析。

2. 分析用户画像技巧

该技巧主要用于新号打标（打标签）阶段，通过画像罗盘，判断当场直播用户的人群模型，如果模型反映的人群不精准，就需要关注几个方面，即流量占比最多的来源是哪一个，引流品的选品是否有问题，付费推送的选择是否正确，然后通过进一步的人工调整，纠正用户模型。

3. 互动数据的分析技巧

主要分析点赞率、评论率、停留时长、转粉率等，这些数据的交叉权重可大致反映直播间的人气。任何指标的对比，一定是类比同期、类比同品才有意义，比如一个开播不到半个月的新号，要进行指标之间的对比，就应该与所处同一流量级别或者高于自己级别的优质账号进行对比，这样才能更好地分析出优化的空间。

4. 交易数据的分析技巧

主要分析对象包含 GMV（gross merchandise volume，商品交易总额）、人均 GMV、UV 值、转化率、千次转化率等。每一个指标都有对应的优化方向，GMV 代表本场的交易数据，将其与过去的交易额进行对比，与过去 7 天的数据做环比，可得到近期数据的整体表现。再比如人均 GMV，更适合的不是进行单场直播之间的对比，而是周期性环比，因为客单价的提升不是单场直播能够衡量的，需要一个周期的爬升。其他数据的分析也同理，只不过代表的优化对象不一样而已。

5. 流量数据的主要分析对象

包含场观、峰值，这两个数据可以最直接地反映当前直播间的流量规模程度。场观适合按周计算，可以发现，在场观周期环比下降的情况下，直播推荐流量的占比也会降低。而峰值的计算需要区分开场峰值和推荐峰值，开场峰值受上一场场观和推荐流量波动的影响，而推荐峰值则受当场互动指标、交易指标的影响。

6. 直播间进出数据

抖音罗盘能够提供五分钟的漏斗流量分析数据，通过该数据模型，可随时对当前流量的留存进行计算，同时推荐流量人数也进一步体现当前流量的健康程度，以及互动、交易指标的完成程度。对于一场合格的直播，在直播未进入下半场时，整体的五分钟数据应该呈现螺旋式上升，只有这样，才能在当场中拉升推荐峰值，数据不错的情况下会瞬间推送至广场流量。

7. 实时直播的评论展示

对于活动类直播间，应重点关注实时评论区的回复及频次等，而对于平播形式的直播间，则更多关注用户的评论问题，进而形成后期主播培训的"百问百答"。为了方便总结，也可通过第三方工具，如抖查查的词云功能。

8. 转化漏斗的分析

进行流量分析时，可查看整场直播的营销漏斗，根据曝光转化率、点击转化率、生单转化率、成交转化率，可大体分析哪个环节出了问题。曝光转化率可简单反映投放素材的质量;点击转化率受购物车商品排列、卖点设定、主播话术引导的影响;生单转化率更多依赖主播引导、定价、详情页;而成交转化率同样受主播促销效果、商品的实际吸引力的影响。可以说每一个维度的因子拆分后都对应具体的问题,漏斗从上至下任何一个环节的收紧,都会对最终的成单转化率造成极大的影响。

9. 优劣商品分析

Top品、压箱品、劣质品是三类需要重点分析的商品。Top品是单场或者连续多场销量排名靠前的商品,可作为潜力爆品主推培育和连续返场;压箱品就是不管上架不上架,点击率、成交率排名都靠后的商品,这类商品应当随时淘汰,同时通过选品补充新品;劣质品即在售后处理中,退货率较高的商品,这类商品容易造成销售业绩的虚高,但实际上对小店评分、用户影响很大,要及时淘汰掉。

针对直播间的数据分析,抖音罗盘数据分析并不足够,往往还需要借助付费工具进行分析。抖音本身的工具虽然强大,但并不一应俱全,借助第三方数据工具有助于更好地完成数据分析工作。对于规模化的直播间,还涉及专门的数据分析岗位进行统筹,由此可知数据分析的重要性。实际上在进行直播时,还包含付费流量的分析、自身账号与第三方账号的对比分析等等。

【巩固训练】

根据所介绍的相关知识,完成表5-3所示的实训任务。

表5-3 直播实训任务

序号	任务描述	任务要求
1	数据平台分析	在灰豚数据或者抖音罗盘网站上查看某直播账号数据,分析热点及趋势
2	账号数据分析	分析自己账号的直播数据,剖析原因

【相关链接】

抖音直播效果分析

通过抖音直播间数据分析,挖掘数据背后的信息,我们可以评估一场抖音直播效果的好坏,从而有针对性地进行提升改进。

1. 流量差

流量差的原因可能是私域流量不够或者公域流量没有流量权重,也可能是终端传达页信息不精准。改进要点就是把主要精力花在引流上。引流方式主要有两种,即付费引流和免费私域引流,也可以依靠主播的IP流量、站外流量。但是有了流量之后,IP、话术、直播场景以及货品能不能够承接,也是影响最终转化率的关键。

2. 成交量低或者客单价低

成交量低或者客单价低意味着用户对主播缺乏信任。不是进行一次直播,用户看到了主播,就能在直播间买东西进行消费,而是要持之以恒地直播。

单价越高,购买频次越高,用户就越需要信任直播间,单价越低越容易达成成交,这称为早期成交,不需要用户变成熟客,所以成交量与单价高低有着直接的关系。

直播间抽奖次数过于频繁,虽然可能提高增粉率,但也容易造成用户来直播间占便宜的不良心理,反而不利于转化。

3. 互动率低

如果互动率较低,则可以通过主播引导增加互动。抖音直播间福袋发放是一个很好的互动活动,不仅可以促进观众和直播间的互动,还能拉高直播间平均停留时长。

4. 转化率低

选品问题、比价问题、非刚需、流量不精准、卖点形容不突出等会造成转化率低。如果商品的转化率较低,则可以分析是不是选择的产品与账号粉丝的画像之间存在差别,无法吸引观众购买,或者在客单价、性价比上出现了问题,需要更新产品。

5. 停留时间过短

用户在直播间的停留时间短,也就是完播率低,这可能和很多原因有关。直播内容无趣、主播没有激情、节奏过慢、存在和自己同类别的竞品大主播,都会造成完播率在某一个时间段断崖式下降。解决这个问题就要错开直播高峰期,或者在直播中提升整体话术,加快节奏,还可以通过直播间场景布置增加直播间吸引力。

现在抖音直播发展逐渐成熟,新入驻的商家需要时刻洞察行业动态,通过查看主播的直播数据,分析投放效果,确定适合直播的爆款商品,搭配合适的推广策略,提高直播转化率,获取直播红利。

做好一场直播,涉及的运营细节有很多方面,无法一一概之。总之,一场直播无论成功或失败,都能从直播数据的复盘分析中获得有用的信息。

【思考练习】

1. 一场直播的评价指标有哪些?
2. 抖音罗盘、飞瓜、抖查查、卡思、蝉妈妈平台中展示了哪些直播数据?

项目6

汽车社群营销

【学习目标】

1. 能够了解社群和社群营销的概念与范畴；
2. 能够掌握社群的管理规则。

【技能要求】

1. 能够创建社群并建立基本规则；
2. 能够策划完整的社群营销方案。

【案例导入】

蔚来社群营销模式是蔚来汽车打造的具有较高效率的营销模式。通过垂直运营的集用车、购车、社交和生活为一体的 App 与线下多功能体验店相结合的方式，打造企业、关键意见消费者（KOC）、用户等之间的强连接关系，增加用户黏性，进而提升营销效率，如图6-1所示。潜在消费者通过对其产生关键影响力的人物推荐、自己了解相关信息、品牌多渠道推广等方式，了解蔚来汽车并进行下一步动作。

图 6-1 蔚来 App 界面

（1）线上注册蔚来App，初步了解App中的5个版块，逐渐形成自己对蔚来汽车整个社群体系的了解；

（2）有条件的用户主要以线下形式（包括蔚来中心、车展、蔚来空间等载体）增加对车的了解，并通过接触车展志愿者等一系列非蔚来官方角色加深对蔚来品牌的社群体系的了解。

在两种途径中，潜在消费者均接触到了蔚来顾问（官方销售人员）、KOC，体会到了他们彼此之间、他们与车之间的紧密联系。专属蔚来顾问和线上、线下高频次出现的KOC交叉印证车的品质，潜在消费者可能倾向于转换成正式车主。购车后，车主对品牌的关注度自然提高，进而开始更深度地体验蔚来体系化的社群模式，并尝试主动担任合适的角色，以满足自己对信息、关注度、经济利益等的需要。

购车后的社群体验主要包括：①App的深度使用。由于App可以充当车钥匙使用并可以控制空调、自动泊车等，用户对App的日常使用率很高，难免会花费时间在购买官方精品、交流用车心得、报名志愿活动上。②线下活动的深度体验。由于成为正式车主后对车和品牌的认识加深，并且参与社群活动有相关的激励措施，富有热情、相对专业的用户就会更深入地参与社群文化体验，在经历潜在消费者转化为普通车主的场景体验后，主动成为社群中的关键人物，将自己看成企业的一部分，使命感增强，进而再次通过App或线下渠道传播有影响力的意见，如此迭代复制，保持社群的温度，不断壮大社群规模。

学习任务1 创建一个完整的社群

【工作任务】

1. 任务分析

个人和群体通过网络平台、网络服务聚集特征相似的目标客户，并为目标客户群创造长期沟通渠道，构造基于社群成员的商业生态，不仅能够满足用户不同层次的个人需求，还可以通过社群口号将品牌和产品推广出去，从而循环往复获得逐渐扩大的营销优势。

2. 实践操作（步骤/技能/方法/态度）

创建完整的社群，从名称、口号、标签、规则等方面进行全方位的设计。

【理论知识】

1. 社群

什么是社群？一群有相同兴趣、爱好或相似价值观的人为了一个共同的目标而聚集,这样的一群人就组成了社群。社群以社交文化为基础,拥有自己特定的表现形式,一个完整且典型的社群通常有稳定的群体结构、一致的群体意识、一致的成员行为规范和持续的互动关系,同时社群成员之间能够保持分工协作,具有一致行动的能力。社群是一种关系连接的产物,是由一群有关系的人形成的网络区域,成员可以在这个网络中交流互动,互相了解,培养情感,共同进步。互联网的便利性让社群成员的沟通和信息的传达可以不受任何空间和距离的限制,也方便了运营者的管理。

2. 优质社群的特征

近几年的社群,大部分都随着微信群的应用而逐渐兴起和发展,比如罗辑思维、趁早、Better Me 等。但实际上,以前的线下俱乐部、因地理位置而聚集的人群也可以称为社群,对这些社群的特点进行总结,可发现具有几个相同的特征。

1)同好

同好是指具有共同价值观、共同爱好、共同兴趣。同好可以是对某件事产生共同的认知,能够一起行动,它是社群成立的基本前提。同好分为很多类型,比如对科技、技术感兴趣的同好,对情感、自我感兴趣的同好,对运动、体育感兴趣的同好,对阅读、旅行感兴趣的同好等。每一个不同的同好类型,都可能形成一个与之对应的社群。

2)结构

根据同好建立的社群非常多,但是可以真正存活下来并完善运营的社群却很少,影响一个社群成功运营的重要因素就是社群的结构。一个成熟的社群,不仅要有发起人、社群成员,还必须细分出管理人员、组织人员,制定完整的社群原则和规范,控制社群的秩序和群成员的质量,同时为社群成员提供必要的联系平台,以便加深成员之间的联系。

3)创造

一个能够持续发展的社群,必须能够为群成员创造价值。很多社群在最初虽然可以吸引同好,也进行了完善的管理,但无法持续为成员输出价值,造成成员流失或社群日渐沉寂的情况。为了让成员可以通过社群得到价值、产生价值,社群内必须有持续的输出分享,能够引导群内成员互相分享,培养社群内的领袖人物,分享不同层次、不同领域的价值,激励群内的普通成员,壮大社群的整体力量。

4)运营

运营决定着社群是否可以长期持续发展下去。一个保持活跃、具有凝聚力的社群,群内的每一位成员通常都会有很强的归属感,都能够自发地发扬主人翁精神,自主维护社群的发展和成长。要做到这一点,群主就必须对社群进行运营,比如规范成员加入准则,用群规控制成员的行为,有一定的奖惩措施,让每一位成员都能够珍惜社群。群主还要经常在群内进行讨论和分享,保证群内有话题、有任务,可以根据实际情况进行分工,保证成员有收获、有感悟。此外,为了增加群内成员之间的联系,还可以组织一些线上或线下活动,通过活动加深成员之间的感情,增加社群的整体凝聚力。

3. 社群的价值

互联网极大地降低了沟通成本,社群极大地降低了信任成本。社群是品牌与用户沟通的最短路径,成本低,效率高,强关系的确立可为企业赢得无限的商业机会和想象空间。任何时代的商业都需要做一件事——建立信任塑造品牌。

针对互联网转型升级,社群有以下六方面的价值:

(1) 最直接地与目标客户进行互动、交流沟通;
(2) 最精准地收集用户需求和处理用户反馈,便于产品升级;
(3) 最便捷地进行老客户维护,形成口碑推广;
(4) 最低成本地推广产品、品牌、文化等;
(5) 最大化地挖掘用户的潜在价值;
(6) 最高效地化解价格战包括产品同质化的威胁。

4. 社群营销

社群商业的本质是人,与传统商业模式最大的区别是——真正拥有用户,表现为变流量为场景,变信息为人本,变眼球经济为价值创造,重塑组织、产品、用户、生态链的一切关联。社群的本质是自主制。这意味着自连接,其核心并不是用户利益,而是用户价值。社群的核心价值就是能让这些拥护者们自愿地做贡献,能够不断迭代场景的中心。而只有强调自己的小众属性,大众流行才能够被完整定义。

汽车社群营销的必要条件是:对于经销商来说,应该从经营服务到经营车主,从经营车主到经营车友会,车主才是汽车的最佳代言人。所以对于经销商而言,经营社群不是做车友会,应该做社群学院,社群学院用来扶持车友会往专业化、规模化方向发展,给车友会提供专业服务和支持,把车友会作为经销商"攻城夺池"的大本营。

国内汽车俱乐部或汽车社群的发起动因大致分为几种:一种是汽车厂家售后部门为了拉动资本投资,增加客户黏性;一种是吸引客户,利用活动来增加品牌在当地的影响力;还有一种是媒体形态,利用活动进行线上"吸粉"。以越野e族为例(图6-2),该社群是汽车行业社群中的领头羊,不仅成为当下国内最大的SUV/越野资讯分享与互动平台,更涵盖旅行、户外、赛事、公益等多个领域,会员也早已遍布全国乃至海外。越野e族主要以越野为主,玩的是兴趣,是情怀。与其他优秀的汽车社群相同,越野e族也把自身平台的活动做得有声有色,甚至可以举办圈子中极具权威性的活动。

图 6-2 越野e族

【实践知识】

1. 设置社群名称

名称是社群的标识符号,是用户对社群的第一印象。社群成员可以通过社群名称进行社群品牌的传播和宣传,吸引更多具有相同爱好和价值观的用户成为社群的新成员,设置名称是建设社群时的首要任务。社群名称的命名方法主要有两种,分别介绍如下。

(1)从构建社群的核心点命名:社群的核心构建点是形成社群的主要因素,也是社群区别于其他社群的核心竞争力。如以社群灵魂人物构建的社群就常以社群灵魂人物延伸取名,如罗辑思维的罗友会;以产品延伸命名,如小米手机的米粉群等;以服务延伸命名,如定位为好友聚合的K友汇等。这种以社群核心竞争力命名的方法不容易让新用户识别,适合已经拥有大量粉丝群体的社群,如图6-3所示。

(a)罗辑思维　　　　　(b)小米米粉　　　　　(c)吴晓波书友会

图6-3　知名的社群案例

(2)以目标用户的需求命名:根据目标用户群体的需求,在社群名称中包含能够吸引用户的关键点,方便用户辨认和识别,如爱跑团、干货帮、趁早等。

以上两种命名方法各有优缺点,可以结合这两种方法取名,既方便用户辨认,又能够突出其核心竞争力,如吴晓波书友会、秋叶PPT等。此外,还要注意不要使用生僻字和不易识别的词语。

2. 确定社群口号

社群口号就是社群的广告口号,或者说是广告标语,可以是令人记忆深刻、具有特殊意义、特别重要的一句话或一个短语。社群口号对社群而言非常重要,其可以起到宣传社群精神、反映社群定位、丰富成员联想、清晰社群名称和标识等作用。好的社群口号,不仅可以向用户传达社群的核心竞争力,展现社群的个性魅力,激发用户的兴趣,还能够引起用户的共鸣和认同,吸引更多认同该口号的用户加入社群,成为社群的忠实成员,并以此为社群的精神追求。

社群口号可以从以下3个方面确定。

(1)功能特点:通过一句话描述社群的功能或特点。这种方式简洁且直观,非常容易让用户理解,如"读好书,写好文""理财交流、监督,一起走向成功""和你喜欢的人一起学习绘画"等。

（2）利益获得:直接以社群能够带给用户的利益为口号。这种方式可以吸引对该利益感兴趣的用户,并使用户为了该利益而不断为社群做出贡献。如行动派社群的口号为"做行动派,成为更好的自己",如图6-4所示。

 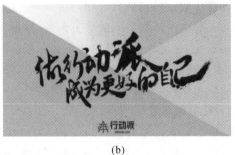

(a)　　　　　　　　　　　　　(b)

图6-4　行动派社群口号

（3）情感价值:以精神层面的感情价值为社群口号,吸引认可社群价值观、世界观的用户群体。这种精神层面的追求往往具有一定的延伸性,不仅能够吸引更多志同道合的社群成员,还能对社群品牌和定位进行宣传,是社群口号更高层次的需求。如趁早社群的口号为"女性自己的活法"。

社群口号并不是一成不变的,在社群发展的不同阶段可以根据社群成员、社群定位和社群规模的变化进行修改。在社群建立的初期通常以功能特点、利益获得作为社群口号的出发点,以便快速吸引用户加入社群,占据市场,取得领先地位;发展到一定阶段的社群或具有一定成熟度的社群,由于其已经具有一定的知名度,社群口号可以向情感价值的方向进行定位,以便在市场竞争中处于优势地位,增强自己的核心竞争力。

3. 设计视觉标签

社群一般拥有庞大的成员群体,社群成员通过统一的、具有仪式感的元素进行彼此区分。它与明星互动类似,粉丝群通常通过手持的印有明星头像、卡通画、名字的各种灯牌和旗帜进行区别与分类,这些围绕明星而设计的物件是粉丝成员对明星的另一种认知。社群也不例外,围绕社群名称、社群口号设计的各种视觉形象就是社群成员对社群的一种直观归属,可以作为社群线上线下活动的标识元素,如社群logo就是社群视觉设计中最具代表性的元素,如图6-5所示。

图6-5　越野e族的定制服装

在社群logo的基础上,社群可以设计并制作其他的视觉元素,如邀请卡、胸牌、旗帜、纪念品,用于社群各种线上线下活动的开展。它不仅能够作为社群成员的辨别依据,还是社群品牌的一个象征,起着强化社群形象的作用。

社群 logo 的设计根据社群的成熟度有不同的方法。对于新建的没有自己品牌的社群,需要从头开始进行社群 logo 的设计,可以将社群的核心人物和反映社群理念的卡通图形、文字等作为 logo 设计的素材。对于成熟度较高的、已经拥有自己品牌 logo 的社群,可直接沿用当前 logo 或在此基础上进行修改、优化。

4. 明确社群结构

社群中的成员虽然拥有相同的兴趣或价值情感,但不同个体成员之间的特质是不同的。正是由于这些不同的成员特性,社群才具有多样性和趣味性,才能朝着更好的生态环境进化,保证社群的健康成长。一般来说,一个结构良好的社群主要包括社群创建者、社群管理者、社群参与者、社群开拓者、社群分化者、社群合作者、社群付费者这七种角色的成员结构,下面分别进行介绍。

1) 社群创建者

社群创建者是社群的初始创建人,一般为具有人格魅力、专业技能、出众能力的一些人,具有一些吸引用户加入社群的特质,能够对社群的定位、发展、成长等具有长远且正确的考虑。

2) 社群管理者

社群管理者是社群发展的基石,对社群的发展与维护起着至关重要的作用。社群管理者需要具备良好的自控能力、责任心、耐心、决策力、大局观,要以身作则、淡定从容、赏罚分明,能够帮助并团结社群成员,解决社群中发生的各种问题。

其实社群管理者与公司或企业的管理者类似,管理方法与原理都是相通的。但社群管理主要涉及线上,还有一些其他的新问题,需要社群管理者具备良好的应变能力。同时,随着社群成员和社群规模的扩大,社群管理者也需要不断发展、扩充,因此,还要求社群管理者具备一定的人员挖掘和培养能力,以组建一个完整的社群核心管理团队。

一般来说,社群管理团队根据管理任务和管理内容的不同,可以分为不同的管理层级,如管理员、副管理员、组长、实习人员等。

3) 社群参与者

参与者是组成社群的主要成员,根据二八定律,社群参与者要有 20% 的高势能人群和中势能人群、80% 的普通人群,通过这三种入群成员丰富社群的成员结构。高势能人群是社群中某个专业领域的人才,能够吸引中势能或更低势能的人群加入社群并参与社群活动,属于社群参与者中的领导型人群;中势能人群具有一定的上升空间,能够通过学习提升自己的能力;普通人群是社群参与者中的大部分人群,主要起着活跃社群气氛、调节社群氛围的作用,他们在社群中有较大的提升空间,是社群中最基础的人员。

一个健康的社群应该包含不同势能的人群,通过丰富的势能人群整合社群能量,促进社群成员之间的进步与提升。当社群发展到一定规模后还能吸引其他企业或第三方平台参与合作,给社群带来更大的经济效益。

4) 社群开拓者

开拓者是社群的核心发展力量,要求具备良好的挖掘社群潜能的能力,良好的交流、沟通与谈判能力,能够在不同的平台中通过宣传与推广宣扬社群品牌,为社群注入新鲜血液,并促成社群的各种商业合作。

5）社群分化者

分化者是社群大规模扩张的基础,他们一般具有非常强的学习能力,能够深刻理解社群文化并参与社群的建设。社群分化者是社群复制的关键性人员,一般是从社群的老成员中精挑细选出来的。

6）社群合作者

正所谓"独木难支",有长远关系的合作者更利于社群的稳定发展。社群与合作者的关系可以是资源的互换、经验的分享、财力的支持等,但要求合作者之间彼此认同,理念相符,同时具有等同的资源,以便双方互惠互利。

7）社群付费者

社群运营并不是完全免费的,时间、资源、人员成本等累积起来的支出相当大,因此社群运营要有愿意为社群付费的社群付费者的支持,社群可以通过相关产品吸引付费者,如购买社群产品、赞助社群活动等。

5. 制定社群规则

社群运营要制定与社群定位相符的规则,通过规则约束社群成员的行为,更好地与社群文化、定位相匹配,保证社群长期发展,并进行大规模的复制。当然,社群规则在运行过程中可能会出现一些问题,此时就需要进行规则的验证与完善。社群规则根据社群运营的不同阶段分为引入规则、入群规则、交流规则、分享规则和淘汰规则五种。

1）引入规则

健康的社群结构应该是金字塔或环形结构。金字塔结构是通过社群中的灵魂人物吸引群成员,形成以灵魂人物为领袖、其他优秀成员为分群群主的分散式结构;环形结构的社群里有多个灵魂人物,各个灵魂人物各有所长,但彼此之间都有互相值得学习的地方。一般来说,社群成员的引入规则主要有五种。

(1) 邀请制。

邀请制适合于规模较小或专业性较强的社群圈子,群主邀请具有一定实力的人入群成为社群的成员。邀请制的社群一般都对社群成员的能力要求较高,并可能对社群成员有一些附加条件,社群成员要在群中体现出自我的价值才不会被替换、淘汰。这种社群引入规则能够在社群创建之初就保证一定程度的社群质量,使社群始终高效、有序地运转。但由于要求较高,社群成员的数量一般不会太多。

(2) 任务制。

任务制是通过完成某项任务而成为社群的成员,任务有易有难,如转发消息并认证、集赞、填写报名表、注册会员等任务就较为简单,这种方式在一些大规模的社群中被广泛采用。提交作品、提供资质等就属于有难度的任务,如诗友社群要求用户提交一首或几首诗歌作品,由社群管理人员审核通过后才能正式成为社群成员。

(3) 付费制。

付费制与会员制类似,只要支付规定的费用就可成为社群成员。如罗辑思维的亲情会员需要付费200元。不同社群的付费数额不同,可以根据社群的定位与资源进行定价。

(4) 申请制。

申请制是社群发布公开招募信息,申请者像应聘一样投递简历,经过书面考试、视频面试,符合要求者才能成为社群的成员。这种引入规则要求申请者具备一定的才能,能够在众多的竞争者中脱颖而出,这样才能成功成为社群的一员。

(5) 举荐制。

举荐制是只能通过群内成员的推荐加入社群,这种规则适合于知识型或技能型的社群,一般推荐的社群成员都有名额限制。这种引入规则需要推荐人先向引入者介绍社群,并且因为有熟悉的人在同一个社群中,可以加强新成员与社群人员之间的互动。

2) 入群规则

顾名思义,入群规则即加入社群后需要遵守的一系列规则规范。新加入的社群成员需要通过入群规则了解以下几项内容:

这是一个什么社群?主要是做什么的?

进群之后"我"需要做什么?

如何向其他社群成员进行自我介绍?

针对以上三项内容,我们可以确定入群规则的相关内容。

(1) 群名称规范。

一个规范的社群应该有统一的社群命名规范与群成员命名规范,这不仅可以促进社群成员之间的互相了解,还能树立社群规范、积极正面的形象。

① 群名称命名规范:一些大型社群一般会有很多分群,为了让新成员快速了解社群结构,应该以规范性的群名称进行命名,一般以社群名、群主名、归属地和序号等元素组成一定的规则,如社群名+序号、群主名+序号、社群名+归属地+序号等模式,如×××1群、×××2群。

② 群成员命名规范:加入社群的新成员名称不便于其他成员辨识与了解,应根据入群规则进行更改。一般包含身份、昵称、序号、归属地等元素,通常采用序号+身份+昵称、序号+身份+归属地的模式。

(2) 群公告。

群公告是对群信息及规范的说明,主要涉及群成员的行为规范等一系列相关事宜。原则上,应该让成员知晓哪些行为是可以做的,哪些行为是禁止的,如自我介绍、内容发表等是社群鼓励的行为,发广告、拉投票、争吵等是社群禁止的行为,应该在群公告中明确。以自我介绍为例,可以在群公告中提供一个介绍模板,方便新成员快速且准确地提供自己的信息,帮助群成员之间快速熟悉起来。

3) 交流规则

交流是社群成员日常的行为,若不规范社群成员的发言行为就会造成消息泛滥、发言质量不佳等问题。规范的交流规则不仅可以激发成员活跃度,还可以促进群成员养成良好的沟通和交流习惯,促进社群的规范化和正规发展。一般来说,社群交流规则包括:发言时间、发言格式(字体字号和颜色设置等)、发言礼仪、问题解决方法、出现争论后的解决办法,以及恶意发言的处罚、投诉的方法。

新成员可能没有查看群规则的意识,群管理员需要引导并提醒新成员查看,并明确要求新成员按照规则执行。

4）分享规则

分享行为可以促进群信息之间的传递，加强社群成员之间的互动，提高社群的质量。社群分享规则可以根据社群的组成结构和人员分工进行制定，一般有灵魂人物分享、嘉宾分享、内容成员分享、总结分享几种方法。灵魂人物分享主要适用于金字塔结构的社群，由有威望的社群灵魂人物进行分享；嘉宾分享是邀请社群外的其他专家或红人进行分享，要求社群具有足够的吸引力或资金进行邀请；内容成员分享是社群成员进行的信息分享，这种分享方式对社群成员的能力要求较高；总结分享是发动社群中的每个成员分享自己的经验或学习所得，以促进社群成员的共同进步。

5）淘汰规则

社群的规模随着发展会越来越大，社群的成员也会越来越多，这会导致社群成员差异性显著，因此要制定相应的淘汰规则，以淘汰一些社群成员，以利于社群长远发展。社群淘汰规则有三种制定方法，分别是人员定额制、犯规剔除制、积分淘汰制。

（1）人员定额制：对社群成员的人数进行限制，规定社群的最多人数，如 100 人，如果社群人数超过 100 人，则必须剔除与其他成员相比参与活动、互动都较少的成员，以保证社群的动态调整，使社群始终处于活跃状态。

（2）犯规剔除制：对影响社群正常发展的各种行为制定规则，如发布垃圾广告、辱骂他人等，可以设置犯规的次数与处罚力度，首犯可以轻微处置，再犯则严重处理，行为严重者应剔除出社群，以维持社群的正常秩序。

（3）积分淘汰制：规定社群成员参与活动即可获得积分，在某个时间段内进行积分的统计与分析，若积分未达到标准线，说明社群成员活跃度和社群贡献度不够，就可以淘汰一些成员重新招募新成员。

【巩固训练】

根据所介绍的相关知识，完成表 6-1 所示的实训任务。

表 6-1 社群实训任务

序号	任务描述	任务要求
1	了解现在运营比较成功的社群	通过对越野 e 族等社群的了解，分析这些社群的共同特征，并简单举例说明
2	分析现在运营比较成功的社群是如何定位的	以越野 e 族为例，分析该社群的定位，了解该社群所吸引的精准人群具有什么共同点

【相关链接】

某汽车品牌主战社群，服务销量两手抓

在汽车的销售环节中，以往都是门店的销售与车主直接沟通。早期，品牌方承载私域流量的方式是直接让车主添加线下导购的个人微信。销售与客户强绑定的关系本身

就存在缺陷,一旦销售职位调动或离职,就可能造成客户流失,或者因为和客户断联而无法提供后续的服务。

如何建立起一套车主和品牌方直接沟通的机制变得尤为重要。一个新兴资讯汽车平台,以社群为主要运营阵地,打出了一套提高用户黏性的组合拳。

首先,社群定位很重要。在品牌方主动承接私域流量之前,许多车主和汽车爱好者会自发地组建社群,如××市某品牌车友群,并且借助社群进行互动,举办各种线上线下活动。品牌方搭建的社群,一般都是售后、客服型的社群,以功能性为导向,社群活跃度并不高。该品牌的不同之处就是,以资讯为导向搭建社群,借力全域联动来吸引新客。单从社群这个层面来看,该品牌的运营动作以发布新车资讯和车友间的交流为主,面向所有已提车车主,有购买意向,或者只对该品牌某车型感兴趣的用户。具体来说,用户在添加企业微信后,向客服发送车型名称,如比亚迪宋PLUS,就会立刻收到该车型的群聊邀请链接。

假设该用户的身份是车主,那么在添加品牌方的企业微信后,只要回复"车主群"就会被立即邀请加入该汽车品牌的车主群。用户入群后,会立即收到入群欢迎语,获知群内信息和群规则等。在社群内,用户每天会收到早报信息,获取不同品牌的新车资讯。除了品牌方的运营,车主、准车主、汽车爱好者们也会经常自发地在群内发起话题讨论,交流提车心得、养车经验等等。

提车才是该品牌做私域的重头戏。为了提高社群活跃度,品牌方以大额现金奖励为抓手,引导提车的用户在社群内参与提车分享活动。提车车主拍15张汽车的图片,写提车的感受,包括新车的外观内饰评价和优缺点等内容,就能领取现金红包以及大额的购物卡。

除了在群内分享,品牌方还会把提车用户的反馈以日记形式发布在其小程序上,其他非社群内的用户也可以在小程序上看到提车信息。

【思考练习】

搜索并查看现在运营比较成功的社群,分析这些社群的同好性质、内容输出方式、运营方式和运营平台等。

学习任务2　社群活动策划及开展

【工作任务】

1. 任务分析

社群运营离不开社群活动。要想社群长期活跃,需要常态化且丰富、有意义的活动,在很多成功案例中,社群引爆了宣传点,激活了社群成员,为社群营销打下了坚实的基础。在本节,我们将学习社群营销定位、社群营销的步骤、社群活动的形式及社群营销活动的策划方法。

2. 实践操作

(1) 为前期搭建的社群确定营销定位。

(2) 确定营销目标,策划一场社群营销活动。

【理论知识】

下面介绍社群营销定位。

1)产品型社群

产品型社群是互联网社会组织结构的新模式,是家庭、企业之外的另一种联系方式。产品型社群这条路径是新互联网商业模式,是目前已被验证符合逻辑的一种路径。产品型社群有几个重要的特征:

(1) 中间利润为零,利润递延;

(2) 功能成为必需,情感成为刚需;

(3) 个人异端化,组织社群化。

2)兴趣型社群

兴趣型社群是源于大家共同的兴趣和爱好形成的一个社群。群体之间交流的话题涉及兴趣和知识。兴趣型社群是较为常见的,比如手机、汽车、运动、摄影等社群。兴趣型社群形成的关键是同好,大家在社群中有收获、有分享。基于同好,社群中会出现大量的拥护者。

例如"嘿 car"由汽车之家出品,是一款聚焦年轻群体汽车话题的兴趣社交 App。"嘿 car"不仅包含汽车知识、二次元、游戏等众多年轻人感兴趣的版块,还能依据兴趣、年龄为用户智能推荐相关资讯。同时,"嘿 car"还延伸向摄影、运动、旅行等领域,全方位覆盖了常见的兴趣类型,帮助年轻用户快速寻找同道中人。"嘿 car"App 界面如图6-6 所示。

图 6-6 "嘿 car"App 界面

3）品牌型社群

品牌型社群是产品型社群的一种延伸，品牌型社群以用户对产品的情感利益为联系纽带。用户基于对产品的特殊感情和认知，认为品牌能体现自身的体验价值和形象价值，认为这种品牌价值符合他们的人生观和价值观，从心理上得到契合，从而产生心理上的共鸣。

作为全国每个领克中心"标配"的官方车友会，领克品牌创建"Co 客领地"，如图 6-7 所示，旨在与开放的都市族群建立联系，价值共振，建立信赖与情感纽带；引导车友会良性发展，加强用户与品牌及经销商的联系，实现三方共赢：Co 客领地为"Co 客"而生，与"Co 客"共创，是集分享、体验于一体的品牌专属社交平台。

图 6-7 "Co 客领地"

4）知识型社群

知识型社群是兴趣型社群的延伸。知识型社群成员乐于分享自己的经验知识和成果。社群成员之间相互交流和学习，并从中得到肯定和尊重。知识型社群最能发挥知识的传递和创新作用。由于成员在社群活动中自动自发地交换意见和观念，因此知识型社群经常会出现思想上的激烈碰撞。

当前，很多知识型社群应运而生，比如懂车帝、十点读书会、罗辑思维、拆书帮、行动派等。汽车行业中有中国汽车人社群等。在信息获取方式上，汽车垂直类平台依然是中国年轻汽车兴趣人群最常用的信息来源。44.5％的年轻受访者会因为从汽车垂直类平台上获取的信息影响购车决策，紧随其后的是短视频媒体。懂车帝关于年轻人群新能源阅读的统计显示，善于拥抱变化的年轻人对新能源汽车的关注度表现出快速增长的趋势。

5）工具性社群

工具性社群涉及各社交平台，有即时语音的、即时文字的、直播类的等等。各种社群软件和社群应用为人们进行社群交流提供了基础性工具。社交工具日常应用让社群成员在现实社群和网络社群两种状态下相互交叉。工具性社群具有应用性、场景性和灵活性，可以完全服务于用户特定的场景沟通需求。

【实践知识】

成功创建社群后,必须进行适当的运营才能保证社群的健康持续发展。因此要开展社群活动策划、社群活动宣传、社群活动总结等一系列社群活动,加强社群的活跃度和凝聚力。

1. 社群营销的步骤

1）用户定位

根据产品特点、用户群体、市场规模等确定社群定位,明确目标受众。比如:针对母婴人群的就是亲子群;针对汽车人群的就是车友群;对于女性来说,美妆护肤类社群可能是她们喜欢的交流平台;等等。

2）内容策划

通过内容吸引用户加入,提升用户的活跃度与黏性。比如,在群里发布一些有趣的内容或者活动信息来吸引大家加入。另外还可以通过建立自己的个人 IP 来打造影响力。当然也可以选择付费的方式进行推广宣传(如广告投放)。

3）活动运营

定期举办线上线下活动来提高粉丝的参与感与互动性,同时增加粉丝黏性与忠诚度。例如可以定期举办一些抽奖活动或者优惠活动来提高消费和转化成交率;也可以利用节日或纪念日开展相关的线下主题聚会等活动来增强粉丝之间的感情联络等。

4）渠道推广

通过各大社交媒体渠道进行引流推广。需要注意的是要做好精准的定位以及文案撰写工作。不同的自媒体平台对内容的限制是不一样的,需要根据不同平台的特点选择相应的策略来进行引流推广工作。如果前期工作没有做好后期想要优化的话可能就需要花很多的时间跟精力。

5）数据反馈

分析数据结果并不断改进优化方案是提高转化率的重要手段之一。可以通过后台数据分析了解用户的喜好、习惯以及购买需求等信息,从而调整运营策略以提高转化率。不过需要注意的是千万不要过度依赖数据分析而忽视了对用户的关怀和服务。

6）变现

当社群粉丝基数达到一定数量的时候考虑将流量转化为收益。可以结合自身的产品特性推出相关服务或产品等方式实现变现目的,也可以直接售卖实物商品或虚拟产品来实现盈利。

2. 社群活动的形式

策划并开展社群活动是保持社群活力和生命力的有效途径,也是加强社群成员感情联系、培养社群成员黏性和忠诚度的有效方式。社群活动可以多样化,分享、交流、打卡、红包、福利、线下活动等都是社群活动的常见形式。

1）社群分享

社群分享是指分享者向社群成员分享一些知识、心得、体会、感悟等,也可以针对某个话题进行交流讨论。专业的分享通常需要邀请专业的分享者,当然也可以邀请社群中表现突出的成员进行分享,激发其他成员的参与热情和积极性。一般来说,在进行社群分享时,需要提前做好相应准备。

确定分享内容:为了保证分享质量,在进行社群分享之前,应该确定分享内容、分享模式,特别是对于没有经验的新分享者而言,确定内容和流程必不可少。

提前通知:在确定分享时间后,应该在社群内提前反复通知分享信息,以保证更多社群成员能够参与进来。

分享暖场:在分享活动开始前的一段时间里,最好由分享主持人对分享活动进行暖场,营造一种良好的分享氛围,同时对分享内容和分享嘉宾进行介绍,引导成员提前做好倾听准备。

分享控制:为了保证分享活动的秩序,在分享活动开始之前,应该制定相关的分享规则,约束社群成员的行为,比如分享期间禁止聊天等。在分享过程中,如果出现干扰嘉宾分享、与分享话题不符的讨论等现象,控制人员应该及时处理,维护好分享秩序。

分享互动:在分享过程中,如果嘉宾设计了与成员互动的环节,主持人应该积极进行引导,甚至提前安排活跃气氛的人,避免冷场。

提供福利:为了提高社群成员的积极性,在分享结束后,可以设计一些福利环节,为表现出彩的成员赠送一些福利,吸引社群成员下一次参与。

分享宣传:在分享期间或分享结束后,分享者可以引导社群成员对分享情况进行宣传,社群运营方也应该总结分享内容,在各种社交媒体平台进行分享传播,打造社群的口碑,扩大社群的整体影响力。

2)社群交流

社群交流是发动社群成员共同参与讨论的一种活动形式,可以挑选一个有价值的主题,让社群的每位成员都参与交流,通过交流输出高质量的内容。与社群分享一样,社群交流也需要经过组织和准备。

预备工作:对于社群交流来说,参与讨论的人、所讨论的话题都是必须首先考虑的问题。一个好的话题往往直接影响着讨论效果,通常来说,简单的、方便讨论的、有热度的、有情景感的、与社群相关的话题更容易引起广泛的讨论。除了确认参与成员、话题类型之外,安排话题组织者、主持者、控场人员等也非常重要,要合理分配角色,及时沟通,保证社群交流不出现意外事件,同时有一个恰当的秩序和氛围。

预告暖场:在社群交流活动开始之前,最好有一个预告和暖场阶段。预告是为了告知社群成员活动的相关信息,如时间、讨论人员、主题、流程等,以便邀请更多成员参与活动。暖场是为了保持活动的活跃性,让活动在开场时有一个热烈的氛围。

进行讨论:在正式开始后,讨论活动一般依照预先设计好的流程依次开展即可,包括开场白、讨论、过程控制、其他互动和结尾等。需要注意,与社群分享一样,当讨论过程中讨论重点过于偏离主题,甚至出现与主题无关的"刷屏"行为时,控场人员要及时控制和警告。

结束讨论:在社群讨论活动结束后,主持人或组织者需要对活动进行总结,将比较有价值的讨论内容整理出来,总结活动的经验和不足,进行分享和传播,扩大社群影响力。

3）社群福利

社群福利是激发社群活跃度的一个有效工具，一般来说，不同的社群通常会采取不同的福利制度，或者结合使用多种福利形式。

物质福利：物质福利是对表现好的成员提供物质奖励。奖品一般为实用物品，或者具有社群个性化特色的代表性物品。

现金福利：现金福利是对表现好的成员提供现金奖励，多为奖金的形式。

学习福利：学习福利是对表现好的成员提供学习类课程服务，比如可以免费参与培训、免费报读课程等。

荣誉福利：荣誉福利是对表现好的成员提供相应的荣誉奖励，比如颁发奖状、证书，或设置特定的头衔、称号等。荣誉福利若设置得合理，可以有效地提高社群成员的积极性。

虚拟福利：虚拟福利是对表现好的成员提供暂时虚拟的奖励，比如积分，当成员积分达到一定程度时，就可以领取相应的奖励。

为了活跃社群气氛，发红包也是一种不错的方式，但红包不能随意发，否则无法达到理想的效果。发红包最好有一个理由，频繁发红包不仅无法激发成员的积极性，还容易使社群沦为一个红包群。一般来说，在新人入群、活跃气氛、宣布喜讯、发布广告、节日祝贺等情况下，可以适当发红包。此外，发红包最好选择合适的时间段，工作时间段的红包引起的关注度相对要低一些。

4）社群打卡

社群打卡是社群成员为了养成一种良好的习惯，或培养良好的行为而采取的一种方式，它可以监督并激励社群成员完成某项计划，因此打卡型社群通常具有激励成员不断进步的作用。

（1）设置打卡规则。

一个打卡社群，如果没有设置严谨的规则，就很难持续运营下去，很难获得良好的效果。一般来说，为了保证社群成员能够坚持打卡，积极实现个人计划，主要可以从以下方面设置社群规则。

押金规则：设置押金积分制度，规定入群成员需要缴纳一定的押金，在完成目标后退还押金，未退还的押金则作为奖金，奖励给表现优秀的成员。在判断完成程度时，可以设置积分制度，设置积分加减项目，同时积分也可以作为优秀成员的评判标准。

监督规则：监督规则是指管理人员对社群打卡情况进行统计、管理和监督的规则。管理人员可以通过消息或通知发布打卡情况，一方面可以激励未打卡的成员积极打卡，另一方面已打卡成员通过公布情况，可以产生自己的付出"被看到"的感觉，从而激发持续打卡的信心。

激励规则：为持续打卡、表现优秀的成员设置特殊的奖励，奖励可以是多种形式的，如物质、精神、荣誉等，也可以根据打卡成员的个性、特色、职业等为其设置专门的奖项，体现个性化，激励社群成员的积极性。

淘汰规则：设置淘汰制度，对于打卡情况完成得不好的社群成员予以淘汰，或给予打卡情况完成得不好的成员一定的惩罚,或者要求其进行某方面的补偿。

为了保持社群成员持续打卡的积极性,建议总结每一次的打卡情况,定期或者不定期对规则进行优化和升级,增加体验感更好的规则,删除效果不好的规则,保持社群成员的新鲜感。

(2)营造打卡气氛。

一个积极健康的打卡社群,必定拥有良好的打卡氛围,可以鼓励社群成员坚持在社群中进行输出,提高成员的情感联系。下列方法有利于营造打卡社群良好氛围。

树立榜样:榜样是一种可以持续激励成员前进的力量,社群打卡是需要毅力的事情,当然也需要榜样的引导和激励。打卡社群的运营者,一定要起到榜样的作用,其他成员看到榜样坚持行动,才会产生加入和跟随的动力。

鼓励:很多成员加入打卡社群的目的是让自己变得更好,但是打卡需要长期坚持,需要从同伴的鼓励中获得坚持下去的动力,打卡人觉得自己受到了同伴的关注后,就会不断自我激励,完成更多目标。

竞争:一个社群中如果有一部分普通成员拥有积极向上的精神,就能带动其他成员,为整个社群营造出积极的氛围,所以设置竞争机制刺激成员打卡十分重要,比如给积极参与的人更多的权限或奖励,培养更多社群榜样。在设计竞争机制时,可以在适当范围内为社群成员分层或分组,规定优秀者可以晋级到上一层,反之则淘汰到下一层,当然对于淘汰者,需要进行鼓励;也可以设计群体投票、物质奖励、精神奖励等措施,对优秀成员的持续输出起到激励作用。

提供惊喜:惊喜是指不定时为社群成员发布一些意料之外的福利,比如奖励免费课程、邀请名人进群分享等,这样不仅可以为社群成员带来新鲜感,还能让他们觉得加入打卡社群物超所值。

感情联系:社群是一个需要成员之间建立感情连接的场所,在打卡的过程中,有很多值得挖掘的打卡故事,比如带病坚持打卡、深夜坚持打卡等,这些有温度的事情十分有利于建立社群成员之间的感情连接,让他们被坚持者的行为所感动,并努力成为优秀团队中的一员。这份感情联系,不仅加深了成员之间的黏性,还可以让成员之间更容易形成约定,比如约定一起打卡。

5)社群线下活动

在当今时代,线上线下相结合才是顺应潮流的营销方式,社群运营也不例外。线上交流虽然限制少,更轻松自由,但线下交流更有质量,也更容易加深感情,一个社群中的成员在从线上走到线下的过程中,能够建立起成员之间的多维联系,让感情联系不再仅限于社交平台和网络,而是进一步连接到生活群、兴趣圈、朋友圈、人脉圈,联系越多,关系越牢固,如图6-8所示。

(1)线下活动的类型。

对社群而言,线下活动主要包括核心成员聚会、核心成员和外围成员聚会、核心成员地区性聚会等。在这几种聚会方式中,核心成员和外围成员聚会人数更多,组织难度更大;核心成员地区性聚会则组织方便,更容易成功。当然,不论哪一种聚会形式,在聚会过程中,都可以实时公布一些聚会实况到社群或社交平台。这样一方面可以增加社

图6-8 蔚来社群的线下活动

群影响力,增加成员对社群的黏性;另一方面也是持续激发和保持社群活跃度的有效方法,同时可以刺激更多的人积极加入线下活动。

(2)线下活动的策划。

社群的线下活动根据规模的大小,具有不同的组织难度,为了保证活动顺利开展,在活动开始之前必须有清晰完整的活动计划和团队分工,方便组织者更好地把控活动全局,做到有计划、有目的、有质量。

① 活动计划。

活动计划是指对活动的具体安排,主要内容包括活动名称、活动主题、活动目的、活动日期、活动地点、参与人员、活动策划团队人员、任务分配、宣传方式、报名方式、参与嘉宾、活动流程、费用、奖品、合影以及后续推广等。为了更好地对活动全程进行控制,通常在撰写活动计划时,还需要制作一个活动全程的进度表,比如活动总共有几个阶段,每个阶段的主要内容是什么,在什么时间节点进行什么环节等。

② 团队分工。

通常社群类型不同、活动目的不同,线下活动的内容和流程就会不一样,团队分工也就不一样。一般来说,社群在策划线下活动时,需要进行以下分工。

策划统筹:策划统筹是指负责制定活动方案,把控活动方向,统筹活动安排等。

线上宣传推广:线上宣传推广是指在确定活动内容后,组织线上管理人员对活动进行推广,比如在社群、公众号、微博、豆瓣、论坛、知乎等平台进行宣传,设计和发布活动海报,邀请媒体等。此外,可收集活动参与人员关于活动的建议,反馈给策划统筹人员,以便对活动方案进行进一步优化。在活动开展的过程中,宣传人员还可以对活动进行直播,发布参与人员的游戏、奖品、分享等照片。

对外联系:对外联系是指负责筛选和洽谈活动场地、准备活动设备、邀请活动嘉宾等工作。对外联系人员必须确认活动场地,确保设备正常工作,活动嘉宾的邀约和分享文稿无误。为了方便及时沟通,对外联系人员可以制作一份活动重要人员的通讯录。

活动支持:活动支持者是指在活动现场安排与维护活动进程的人员,包括活动接待人员、签到管理人员、设备管理人员、摄影人员、主持人等。

总结复盘:总结复盘是指对活动的效果进行总结和反馈,生成复盘报告,为下一次的线下活动总结经验。

团队分工可以保证活动的顺利开展,设置合理的团队分工并明确各分工组的具体任务后,不论在活动筹备期、活动宣传期、活动进行期,还是活动复盘期,都可以做到有条不紊。

3. 社群营销活动的具体策划

1) 明确活动目的

社群活动的目的是至关重要的,是整个活动的核心。做任何事情都有目的,目的不同行为导向就不同,所以一定要花时间认真想,活动的目的是什么,是"拉新促活"还是"留存转化"。运营中常常讲"拉新促活留存转化"这句话,是什么意思呢?此处结合生活中的场景进行说明,比如以外卖为例。

拉新:就是拉新用户。我们经常看到邀请一个新用户送20元红包,这个其实就是拉新活动,为了得到这20元红包,还没注册过的人可能会注册,成功注册一个就算拉新一个。

促活留存:拉来新用户后就要有其他运营手段把他留下,不然很可能注册后就离开。所以运营人员要使用很多策略让用户使用产品,让用户意识到产品价值,从而让用户消费或者达到其他目的。比如外卖中的红包、节日促销,都是为了让用户一直使用外卖。

转化:以上两步都是为了这一步做准备,只有点外卖下单,前面两步的目的才算达到了。

如果想实现营销转化,则需要运营人员对产品进行精心设计,让大家对产品产生欲望,并且想要下单购买。当然,很多活动并不是只有一个目标,而是多维目标,比如在活跃社群的同时,进行社群成员的转化。这时候,一定要有一个主要的目标,所有活动路径的设计和动作,都要直至主要目标。

2) 活动策划

有了目标,行动就有了方向,但是这还不够,我们需要具体路径去实现它。比如:引流类的活动通常有课程引流、资料引流、混群吸粉、媒体矩阵引流等;运营类的活动主要有红包雨、你问我答、学习打卡、每日分享、成语接龙、群员分享等;营销类的活动主要包括促销、分销、场景营销、内容营销等。

设计活动玩法时,既要内容上有趣,又要形式上新颖,一定要思考活动的趣味性、易操作性、实用性。

趣味性:在活动中,要不断植入"游戏感",比如通过积分奖励、通关升级、"PK"竞赛等方式,让用户乐在其中,而不是枯燥参与。

易操作性:用户参与活动时,参与流程尽量要简单易操作,复杂的参与流程会让用户不耐烦,导致用户流失。比如参与活动,让用户填写各种表格就会影响用户的体验感。

实用性:用户参与活动以后,能够回味无穷,有所收获,而不是参与后没有留下记忆点。

3) 规划活动节点

这是根据活动上线的时间来确定的,比如7天后就要上线一个活动,那么截止时间就安排在7天后,然后策划一个合理的时间安排。下面以一个线上直播课为例,该活动面向的主要是留存用户,目的是促活,活动安排如下:

① 进行预热(发布微信文案或海报);

② 发布物料到各个渠道;

③ 活动提醒;

④ 活动开始;

⑤ 活动文章发布。

在这个活动安排中,预热时间为起,活动文章发布时间为止,我们按此节点提前准备好。

4)**活动预热**

根据活动规模的不同,预热和宣传的力度不同,常规性活动一般提前3天预热,重要活动至少提前一周甚至一个月预热。此处特别说明,不是全部工作都准备好才可以预热,只要在相应的时间节点完成相应的准备工作就可以。针对预热我们要思考以什么形式预热,在哪里预热。形式包括海报、文章等。预热的平台包括公众号、朋友圈、社群。活动内容保留方式包括转发到群、转发到朋友圈给奖励等。面对这么多选择,怎么才能够快速做出决定呢?答案是思考我们的目的是什么。以上述线上直播课为例,目的是促活。因为是基于社群策划的活动,所以形式上可以以海报的形式呈现,海报制作短快轻,在社群中很主流。因为时间比较紧张,所以活动平台可以选择朋友圈和社群,如果添加的好友不多那就主要在社群内运营。

5)**发布渠道物料**

物料的准备按照活动节点来安排,要提前串联好整个活动流程。因为物料主要面向用户,所以我们以用户为出发点去思考要准备哪些物料。

配合文案:重点在于激发用户参与兴趣,那么该如何激发呢?首先放出吸引点,这个吸引点是根据对用户的了解而设计的。在预热的过程中,尝试从不同的角度切入,看看文案怎么写更贴切,用户喜欢看什么,据此对文案及流程进行优化。

6)**活动提醒及活动执行**

活动提醒会在3个时间段进行,分别是提前3天、1天、提前1~2小时。提醒方式一般是在社群和朋友圈发布信息。活动前1小时做活动预热,确认时间、设备以及物料等,确保活动可以正常进行。

活动开始前一天需再次查看活动方案是否完整清晰,有无需要补充修改的地方,物料是否准备齐全,如果包含资源类物品,则需测试链接是否依旧生效。另外,需再次和嘉宾确认行程安排。

活动进行中,每个环节负责人要注意跟进活动流程,如果没有进展则应及时联系当事人是否需要援助,另外,若在分享过程中有成员干扰或提出不相干的话题,主持人要及时控场,维持活动正常秩序。

活动结束后要向嘉宾发出感谢信,感谢他的分享并将活动效果反馈给他,同时,请嘉宾指出活动不足的地方,帮助我们持续优化。最后,将活动内容整理上传,方便没时间参加活动或想再次回顾的成员随时查看。

7）复盘总结

活动结束后,最重要的就是要复盘总结,总结出可复用的经验,为下次活动做好准备。复盘流程如下。

回顾目标:活动总体目标是否完成?每个环节的目标是否完成?比如课程满意度的目标、活动体验度的目标。

评估效果:成员满意度怎么样?活动流畅度怎么样?分享内容的"干货"度、趣味度怎么样?是否有需要改进的地方?

分析原因:活动没有做好的地方在哪里?原因是什么?

总结经验:哪些内容可以放进日常活动清单中?下一次活动应该避免犯哪些错?可以总结哪些经验?

及时总结和复用经验,社群活动才能越做越好,社群影响力才能越来越大。

【巩固训练】

根据所介绍的相关知识,完成表6-2所示的实训任务。

表6-2 社群实训任务

序号	任务描述	任务要求
1	了解社群线上活动的开展方式	简单介绍目前比较常用的、可以提高社群活跃度的线上活动开展方式
2	了解社群线下活动的开展方式	了解开展社群线下活动主要有哪些阶段,每个阶段需要进行哪些工作

【相关链接】

"Co客领地",专注为年轻能量潮流社群带来全新拥车体验

领克,自诞生以来,无论在市场上还是消费者眼中的认可度,表现都可谓有目共睹,这其中,过硬的产品力不必说,而领克品牌能切实走到用户心中,符合消费者用车需求,贴合年轻态消费群体的拥车方式同样是至关重要的一点。

面对这样一个个性、思维、生活方式都与众不同的群体,领克守正出奇,以Co: Club、Colab实验室、Co客领地等组建完整的用户社群生态,打造潮流集散地。比如,消费者可以将领克中心作为除办公室和家之外的"第三地",在这里,不仅可以享受购车、售后等传统服务,还可以举办生日聚会、好友叙旧,此即"Co客领地"的社交属性。再比如,在车辆闲置时,领克车主能将车分享给家人、朋友以及其他拥有领克账户和数字密钥的人,而且这些不同的账户可以切换使用不同的系统背景、页面布局等个性化设置,让车主熟知的每一位分享用户都可以拥有自己的风格,以及熟悉的使用习惯。另外,消费者还可以参与领克俱乐部活动来获得积分,并用来购买、使用车辆行李架和儿童安全座椅等。在需要的时候,使用积分兑换使用权,不需要的时候可以分享到领克中心供其他消费者使用。从这一点上来讲,领克已经是国内汽车行业中,服务体验植入互联网思

维最多的品牌,如图 6-9 所示。

图 6-9　领克用户共创商品

【思考练习】

分析成功运营的社群是如何策划社群活动、打造社群品牌知名度的。

思想启迪

本书思政建设紧密围绕国家"网络强国""数字经济"战略,结合新能源汽车推广、智能网联技术发展等产业并针对培养兼具技术能力和职业伦理的复合型人才的需求,将诚信营销、数据隐私保护、绿色消费、文化自信、科技自信、爱国精神等思政元素嵌入平台运营、内容创作等核心模块。

近年来,中国各科技领域飞速发展,各种新技术层出不穷,具体案例如下。

1. 全域自研技术

零跑汽车在2025年发布了LEAP3.5技术架构,这是其十年全域自研的最新成果。LEAP3.5在LEAP3.0技术架构的基础上,实现了软硬件的超级集成和超级智能,具备中央域控架构革新、高集成度控制体系等优势。零跑汽车通过全域自研技术创新和成本定价策略,实现了高阶智能驾驶技术的普及。

2. 激光焊接技术

中国激光产业已经迈入全球第一方阵,目前可以43秒完成一辆新能源汽车车身的激光焊接,这是行业内的最快速度。采用激光焊接技术不仅可提高生产效率,还支撑了中国新能源汽车的快速发展和国际化进程。

3. 轻量化技术

全国人大代表、中国一汽首席技能大师杨永修指出,新能源汽车轻量化是系统工程,需要材料、结构设计、工艺制造等多维度协同创新。轻量化可以降低整车能量消耗,减少大容量电池需求,提升行驶里程并降低整车成本,同时还能减少碳排放。

4. 智能网联技术

中国智能网联汽车顶层规划基本形成,产业生态不断完善,测试示范成果显著,处于全球"并跑"水平。智能网联技术的发展经验被用于新能源汽车领域,通过政策牵引、试点示范和市场驱动,加快产业从政策牵引向市场驱动的演进。

以上案例的意义重大,具体如下。

中国汽车产业的崛起,是中华民族不屈不挠精神的缩影。在我国汽车产业崛起过程中,涌现出许多杰出人物,他们放弃个人利益,投身于汽车工业的建设,展现了深厚的爱国情怀和科技报国的担当。这些人物事迹能够激励年轻一代,坚定他们的爱国信念,增强他们为科技强国贡献力量的使命感。

中国自主汽车品牌的迅猛发展,不仅展示了中国汽车产业的强劲势头,更蕴含着深刻的教育意义。这些发展成绩的背后,是无数中国汽车工程师的辛勤付出和不懈追求,他们的努力和创新精神,为中国汽车品牌赢得了市场的认可和尊重,这可以激发年轻一代的民族自豪感,树立民族自信心。

国家战略、法律法规和汽车领域的相关政策,构成了汽车行业发展的坚实基石,也蕴含着丰富的思想教育精神。国家战略为汽车产业指明了前进的方向,体现了国家对汽车产业的高度重视和未来发展的深远考量。通过对国家战略的深入分析,可以增强我们对所学专业的认同感和自豪感,激发我们为国家汽车事业贡献力量的决心和热情,同时培养我们秉持严谨的科学态度、恪守职业道德、追求精益求精的大国工匠精神。

参 考 文 献

[1] 张国方.汽车营销学[M].北京:人民出版社,2008.

[2] 凯伯.国际贸易[M].北京:中国人民大学出版社,2012.

[3] 唐磊.新媒体营销精华[M].北京:中国水利水电出版社,2023.

[4] 唐玥,陈可.关于汽车行业新媒体营销策略研究[J].商场现代化,2017(24):49-52.

[5] 胡婧.移动互联网时代新媒体营销的现状与前景展望[J].新媒体研究,2017,3(23):36-38.

[6] 科特勒·凯勒.营销管理[M].上海:上海人民出版社,2006.

[7] 王玉梅.互联网思维下的新媒体营销[J].中外企业家,2017(33):14-15.

[8] 戴鑫.新媒体营销:网络营销新视角[M].北京:机械工业出版社,2017.

[9] 李磊.汽车营销[M].北京:中国人民大学出版社,2021.

[10] 任俊生,宋平平,孙皓.产品生命周期理论在汽车营销中的应用[J].商场现代化,2008(2):126-127.

[11] 陈友新.汽车营销艺术通论[M].北京:北京理工大学出版社,2003.

[12] 李海燕.汽车营销战略创新及发展趋势[J].科技信息,2010(13):164-165.

[13] 张英培.汽车消费心理及对应营销策略[J].长江大学学报(社会科学版),2011,34(4):34-36.

[14] 董文波,秦芬.微增长时期汽车行业发展特征与对策分析[J].汽车工业研究,2013(1):14-16.

[15] 陈波.我国汽车行业营销趋势研究[J].企业经济,2012(6):90-93.

[16] 姜磊磊.基于微信的零售企业新媒体营销策略援救[J].贵阳学院学报(社会科学版),2017,12(6):98-100.

[17] 苑玉凤.汽车营销[M].北京:机械工业出版社,2007.